身になる練習法

ソフトボール
得点を奪うための攻撃強化練習

著 **二瓶雄樹** 中京大学男女ソフトボール部監督

INTRODUCTION
はじめに

　ソフトボールが日本に伝来してもうすぐ一世紀を迎えようとしています。諸説あるものの野球の室内練習方法の一つ、インドアベースボールと銘打って始まったこのスポーツは現在では、ソフトボールと呼ばれ"やわらかなイメージ"を持たせながら、ハードでスピーディーなゲームで"する人、支える人、みる人"を魅了しています。

　大学まで硬式野球を経験した私は、監督就任当初、野球とは似て非なるこのスポーツの面白さ・つまらなさ、奥ゆかしさ・浅はかさ、律儀さとだらしなさに刺激され、突き動かされ、一喜一憂しながら良いときも悪いときも考えさせられました。その過去は今から顧みれば、決して戻りたいとは思わないものの、今の私の思考過程を形成していると考えれば、必要不可欠な経験であったと思います。

　ラグビー元日本代表、故平尾誠二氏が自らの講演の中で、7連覇したときの神戸製鋼ラグビー部の練習と他チームへの影響について、次のようなことを語っています。

　当時の神戸製鋼ラグビー部は、社業を最優先されており、全体練習が平日に取れなかったのだそうです。そのため仕方なく、平日は個人個人が練習やトレーニングを行い、必要であればパート練習を行い、土日の全体練習ですり合わせをするスタイルが形成された。

　7連覇を果たした頃、このスタイルを真似するチームが現れたのだそうですが、それによって成功したチームは一つもなかったと言います。つまり、する必要がないことを、する必要がない者にただ与えたところで、成果は上げられないということだとまとめられていました。

　この話、出来事を思い出したとき、本書を作成する立場にある私が感じることは二点あります。

　まず一つは、練習方法は各チームに適応させることが必要であるということです。

　本書の中には年代やレベル、カテゴリー、性別によっては、必要ないものがあるでしょうし、そのチームの選手観に合わないものもあると思います。もしかすると少し変化させれば、活かせるものもあるかもしれません。

　決して、一方的に丸のみにせず、噛み砕いて消化して実践して変化させて適応

させてほしいと思います。このような意味からも、本書の書き方は"攻撃の目的から考える練習方法や戦術"としました。つまり、「出塁するために」何が必要か、「進塁させるに」、「得点するために」といったように、ソフトボールのゲームの中の目的から逆算して見ることができるようにしています。

うちのチームは得点率が低いと思えば、「得点するために」の章を、進塁打でいつも阻まれると感じているのであれば「進塁するために」の章を参考に、といった具合に活用していただければと思います。

二点目は、この本が微力ながらソフトボールの技術を向上させ、それによりチームが強化され、そのチームに負けまいと必要にかられるチームが現れ、お互いに切磋琢磨する、そういった"正の連鎖"が生まれてほしいということです。

アメリカの4大スポーツの一つNFL（NationalFootballLeague：アメリカンフットボール）では、「イコールコンディション」という考え方があるそうです。日本語に訳すのであれば、「戦力均衡」となります。

以前このNFLは限られたチームが、莫大な資金力と名声を利用し優秀な選手を囲い込んでしまい、戦力の二極化が見られたのだそうです。つまり試合をする前から勝敗が目に見えていた。その影響で、ファンは離れ、リーグ全体が衰退しつつあったというのです。

スポーツが持つ面白さは、どちらが勝つか、誰が活躍するかわからない"筋書きのないドラマ性"にその一端があります。しかし、当時のNFLではその"筋書きのないドラマ性"が失われていたのです。

そこでNFLでは、前述した「イコールコンディション」つまり「戦力均衡」の考え方から様々な取り組みやルール、制度づくりを行いました。それは選手獲得方法の見直し（ウェーバー制）や資金調達・分配方法の導入、選手年俸の制限（サラリーキャップ制）、そして戦略戦術・情報の透明・共有化（NFLフィルムズによる動画提供）などです。これによりリーグの「戦力均衡」が担保され、"筋書きのないドラマ性"が増し、面白いゲームがファンを呼び戻し、さらに新規獲得させ、大きな発展を遂げているのです。

我が国おけるソフトボール競技も、より多くのチームで戦力強化が遂行され、"する人"も"支える人"も、そして"みる人"も面白いゲームが展開されることを期待いたします。

中京大大学男女ソフトボール部監督
二瓶雄樹

CONTENTS
目次

2　はじめに

第1章　戦術とは
10　戦術とは

第2章　攻撃戦術
18　1.無死一塁
22　2.一死二塁
26　3.一死一・三塁
32　4.オートマチックサイン／三塁走者のオートエンドラン
34　5.ランナーコーチ
36　Q&A

第3章　投手の変化球とその効果
38　1.相手投手の特徴を知る
38　2.球種とその効果
45　3.投手の特徴について
46　4.ファストボール(ストレート)のスピードについて
47　5.ファストボール(ストレート)のタイプについて
48　6.リリースの位置による投手の傾向
49　7.投球フォームやタイミング
50　8.投手のその他の特徴

第4章　カウントを考える
52　1.カウントを考慮した戦術

54	2.データを利用した組み立て
56	3.打者のミートポイントから配球を考える
57	4.配球をベースに戦術を選択する
58	5.攻撃を仕掛けやすいカウント
60	6.前の打席の結果を活かした戦術

第5章　走塁練習

62	Menu001	走塁／スタート
64	Menu002	走塁／中間
66	Menu003	スライディング
68	Menu004	打者走者のベースランニング
70	Menu005	一塁走者の走塁
73	Menu006	二塁走者の本塁への走塁
75	Menu007	Menu004から006を同時に行う
77	Menu008	バッティング練習での走塁練習

第6章　出塁するための練習

80	Menu009	ステップ→スイング（通常のバッティング）
82	Menu010	ステップ→セーフティバント
84	Menu011	ステップ→スラップ
86	Menu012	ステップ→スラップ→セーフティバント
88	Menu013	ステップ→パワースラップ（スラッシュ）
90	Menu014	フリーバッティング①
91	Menu015	フリーバッティング②
92	Menu016	フリーバッティング③
93	Menu017	フリーバッティング④
94	Menu018	フリーバッティング⑤
95	Menu019	フリーバッティング⑥
96	Menu020	ティーバッティング①
98	Menu021	ティーバッティング②
100	Menu022	ティーバッティング③
102	Menu023	ティーバッティング④
104	Menu024	トスバッティング①

106	Menu025	トスバッティング②
108	Menu026	トスバッティング③
110	Menu027	トスバッティング④
112	Menu028	ロングティー①
114	Menu029	ロングティー②
116	Menu030	ロングティー③
118	Menu031	軸足を引いたインコース打ち

第7章　進塁するための練習

120	Menu032	バント練習
122	Menu033	セーフティバント練習
124	Menu034	走者一・二塁でのインパクトゴー
126	Menu035	走者一・二塁でのチェンジゴー
128	Menu036	走者一・二塁でのワンバウンドゴー
130	Menu037	走者一・二塁で捕手にミスが出たらゴー
132	Menu038	走者一塁でのインコースゴー
134	Menu039	状況を設定したバッティング練習

第8章　得点するための練習

136	Menu040	スクイズ
137	Menu041	走者三塁時のヒットエンドラン
138	Menu042	走者一・三塁時のダブルスチール
141	Menu043	ホームへのスライディング

第9章 チャンス拡大のための練習

- 144　Menu044　カッティング①
- 146　Menu045　カッティング②
- 148　Menu046　シートバッティング①
- 150　Menu047　シートバッティング②
- 152　Menu048　シートバッティング③
- 153　Menu049　シートバッティング④
- 154　Menu050　走者二塁時の打球判断

第10章 年代に合わせたソフトボール指導

- 156　5〜8歳　プレ・ゴールデンエイジ期
- 158　9〜12歳　ゴールデンエイジ期
- 160　13〜16歳　ポスト・ゴールデンエイジ期
- 162　13〜16歳　クローズドスキルが固まり、オープンスキルを実践・学習できる時期

〔年間計画〕
- 164　9月中旬〜12月後半「準備期」
- 166　12月下旬〜1月上旬「移行期」／1月中旬〜2月下旬「準備期」
- 167　3月上旬〜4月上旬「試合前期」／4月中旬〜5月下旬「試合期」
- 168　6月上旬〜7月上旬「試合前期」／8月上旬〜9月上旬が優先度の高い「試合期」
- 170　年間予定・期分け計画

- 172　おわりに

本書の使い方

本書では、写真や図、アイコンなどを用いて、一つひとつのメニューを具体的に、よりわかりやすく説明しています。写真や"やり方"を見るだけでもすぐに練習を始められますが、この練習はなぜ必要なのか？　どこに注意すればいいのかを理解して取り組むことで、より効果的なトレーニングにすることができます。普段の練習に取り入れて、上達に役立ててみてください。

▶ 身につく技能が一目瞭然

練習の難易度やかける時間、あるいはそこから得られる能力が一目でわかります。自分に適したメニューを見つけて練習に取り組んでみましょう。

▶ 知っておきたい練習のポイント

この練習がなぜ必要なのか？　実戦にどう生きてくるのかを解説。また練習を行う際の注意点を示しています。

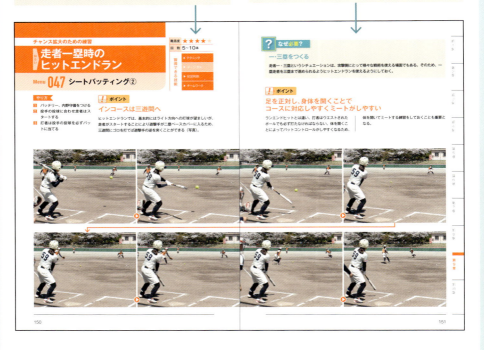

そのほかのアイコンの見方

　その練習をするとき、気をつけたい注意点です

　より高いレベルの能力を身につけるためのポイントや練習法です

第 1 章
戦術とは

チームスポーツであるソフトボールは、
個人の能力だけでなく、チームで得点を奪うための戦術も必要になる。
ここでは攻撃戦術の種類や実行するために
必要なことを考えていく。

戦術とは

全ての技術に「スピード」が求められている
スピードを助ける技術が大事

　ソフトボールにとって最も必要な要素は何かと問われれば、それは「スピード」と回答される指導者の方が多いのではないでしょうか。

　フィールドは野球の約2／3で塁間は約18メートルと、野球で言えばバッテリー間とほぼ同様です。そのような狭いフィールドでプレーするためには、一瞬の判断力と行動するスピードが求められます。

　他国では「ソフトボール」と呼ばず、ウインドミルをしている様から「ファストピッチ」と呼んでいる国もあるそうです。それは投球の速さもさることながら、全ての技術に「スピード＝ファスト」が求められることからもそう呼ばれているのではないでしょうか。

　本書では、そのスピードを助ける技術、一歩でも早く、一点でも多く得点する技術を紹介しています。

　単純に打つ、走るの個人的技術（以後：クローズドスキル）の向上、体力の向上も根本的に必要ではありますが、それにプラスして相手との駆け引き、判断の技術（以後：オープンスキル）を向上させ、チーム力を向上させることも必要であると思います。

　ではソフトボールにおける攻撃戦術とはどのようなことがあるのか、攻撃戦術の種類について考えてみましょう。

〈攻撃の戦術、種類と説明〉

01	送りバント	アウトを一つ与えてでも走者を確実に進塁させたいときに使う戦術。
02	ゴロスタート（ゴロゴー）	打者はゴロを転がし、走者を進塁させる戦術（スラップが多い）。
03	セーフティバント	ヒッティングの構え、ステップからバントをして守備のスキを突いて出塁をねらう戦術。
04	プッシュバント	主に、送りバントの場面で二塁・遊撃手に向けてバントの構えから強めのバントをする戦術。
05	ヒットエンドラン	走者が走り、打者はすべての投球でゴロを転がし、進塁または打者走者自身も出塁しチャンスを拡大させる戦術。
06	ヒッティングエンドラン	ヒットエンドランの打撃で打者が長打をねらって打つ戦術。
07	ランエンドヒット	ヒットエンドランの打撃でストライクだけを打つ戦術。打たなければ盗塁となる。
08	盗塁	一塁（二塁）走者が投球間に二塁（三塁）をねらう戦術。
09	ディレードスチール	離塁後、スタートは切らず、少しタイミングを遅らせて（おおよそ捕手が捕球するタイミング）でスタートする戦術。
10	ダブルスチール	走者一・二塁の場面で、それぞれ二・三塁に盗塁する戦術。走者一・三塁の場面では、一塁走者が盗塁、捕手が二塁へ送球した時点で三塁走者が本盗する戦術。
11	スクイズ	走者三塁の場面で、走者がスタートし、打者がバントでゴロを転がしてホームに迎え入れる戦術。
12	セーフティスクイズ	走者三塁の場面で、打者がセーフティバント、転がったところを確認して三塁走者が本塁へ突入、もしくはバント処理の一塁送球後に本塁へ突入する戦術。

▲送りバント

▲セーフティバント

▲ヒットエンドラン

▲盗塁

▲ダブルスチール

▲スクイズ

戦術とは
戦術は個人の技量だけではなく、相対的なチームプレーである

　11ページで、12の攻撃戦術を紹介しました。この他にも、年代やレベル、カテゴリーによって、より細かく戦術（見送り方や打球方向を特定するサイン）を立てているチームもあると思います（特に高校女子のカテゴリーでは、その傾向が強く、このカテゴリーの試合を観戦すると大変勉強になります）。

　これらの戦術では、主に打者に注力されがちで、戦術の成功・不成功は打者の技量にかかっているだけのように指導される傾向があります。しかし、それだけでは足りません。戦術は、打者はもちろんのこと走者、ランナーコーチを含んだ「相対的なチームプレー」であると同時に「対する相手があるオープンスキルの高い技術」であるのです。

戦術とは

ランナーコーチは10人目の打者

例として、送りバントという基本的な攻撃戦術からその内容を考えてみましょう。

送りバントでは、バントの技術はもちろんのこと、走者の技術も重要です。バントを完璧に決めても、走者が先の塁でアウトになっては、元も子もありません。走者の離塁、離塁からの打球の判断、走るスピード、そしてスライディングが必要です。

さらに、捕手からのピックオフ（投球後の捕手からの牽制球）や内野手のバントシフトなどを考えると一・三塁のランナーコーチの役割も大きいと言えます。

ランナーコーチは、走者の見えない部分を声の情報によって補わなければなりません。走者一塁時には、一塁コーチは二塁手（レベルによっては右翼手）の動きに、走者二塁時には一塁コーチが二塁手（レベルによっては中堅手）、三塁コーチが遊撃手の動きに注意を払い、必要に応じて声で情報を伝える必要があります。

このように、送りバントは、打者、走者、ランナーコーチで完了させる「相対的なチームプレー」であることがわかります。

戦術とは
守備側に多くの選択肢を与える

　また、打者もあからさまにバントをするように構えてしまっては、守備側が簡単に守ることができてしまい、走者をアウトにする可能性が高くなります。

　送りバントの場面でも、セーフティ気味にバントしてくるのか、プッシュバントしてくるのか、打ってくるのか、はたまた左打者ではスラップしてくるのか、相手に守備の選択肢を多く与えることが必要になってきます。

　走者では、盗塁を思わせるような離塁でバッテリーを揺さぶることも重要だと思います。盗塁もあり、バントもヒッティングもヒットエンドランもあると意識させれば、バッテリーも含めた守備をかく乱することに繋がります。

　このように、相手に選択肢を増やし、駆け引きをすることが「オープンスキルの高い技術」ということになります。本書では、第2章にてランナーコーチについても詳しく言及していますので、ご参考にしていただければと思います。

戦術とは

サインの伝達にはチームとしての共通認識が必要

次に戦術に不可欠な伝達方法であるサインについて考えてみましょう。サインにはブロックサイン、フラッシュサイン、オートマチックサインとあり、おおよそどのレベルでも前者の二つは活用されているように思います。

しかし、オートマチックサインとなると活用されているところは少ないのではないでしょうか。

私も指導者になりたての頃は、このサインの存在に気づかず、なぜ進塁できるのか、点数を取られるのか、「サインが出ているようには見えないのになぁ」と困惑させられました。このオートマチックサインについても2章で解説、説明していますので、ご参考にしていただければと思います。

またこれらのサインは、コーチから選手に一方的に伝達する"単なる指示"であってはいけないと考えています。

日本プロ野球やアメリカMLBでトレーナーとしての経験を持つ立花龍司氏が自身の講演の中で、6度の日本一で黄金時代を作った元西武ライオンズ森祇晶監督の采配と選手との関係について次のように語っています。

立花氏の表現では、黄金時代のライ

オンズは、"サインは確認"だったそうです。

選手それぞれが、自らの役割を認識していて、「このケースでこの打順でこのサイン」とわかってからコーチのサインをのぞき込んでいた。たまに意表をつくサインが来ても、「意表をついたサインだな」とすぐに理解していたというのです。

この表現で注目すべきは、"サインは確認"であったという点です。どんなサインが出るのかと見るのではなく、この"サインでくるだろうな"と見る。

同じサインを見る行為でも、そのサインを出すコーチ、受け取る選手の意識の違いがそこにあるのです。黄金時代のライオンズの選手にとっては、その行為はある意味で答え合わせのような行為だったのではないでしょうか。

サインを伝達するには、このようなコーチと選手、さらに言えばチームとしての共通認識が必要です。つまり与えられたサインを実行する能力というよりは、コーチ、選手が同じ考えのもとで戦術を遂行させる能力が必要なのだと思います。

戦術とは
状況を考えて
有効な戦術を実行する

　その共通認識を構築するためには試合展開、ケース、アウトカウント、ボールカウントを把握し、その中で有効な戦術を考え、実行することが必要です。

　ボールカウントは全部で12カウントあります。その中で、打者が有利だと考えられるカウントは5通り、バッテリーが有利だと考えられるカウントは3通り、どちらとも言えない（状況による）カウント、つまり、ノーカウント、平行カウント、フルカウントが4通りあります。

　アウトカウントは3通り、ケース（塁上の走者）は8通りあり、これらを掛け合わせると288通りものパターンがあります。

　その上、先攻か後攻か、1回〜7回まであり、勝っているのか負けているのか、その点差はどのくらいか、はたまた同点なのか……多様な状況の中で戦術を選択しなければならないのです。

　日々の練習の中で、「このケース、試合展開で、このカウントになったらこの戦術を使う」などと試合の状況を想定しながら練習をすることも有効ですし、そのような練習方法を繰り返すことがチームの共通認識の醸成には欠かせないと思います。

　以上が、ソフトボールに必要なスピード、そして攻撃戦術と共通認識の必要性です。

第2章

攻撃戦術

得点を奪うためには、出塁する、チャンスをつくる、
チャンスを拡大する…といった攻撃の戦術がたくさんある。
ここではケース、アウトカウント別の
攻撃戦術について考えていく。

攻撃戦術

1.無死一塁

　この章では、ケース、アウトカウントごとによる戦術の選択について精査していきます。指導者は戦術を考え実行する際に、セオリーと意表、ある意味での直感など（成功、失敗、体験から成る）を頼りにしていると思います。その頭の中は期待値とリスクを天びんにかけているのではないでしょうか。

　攻撃戦術における、期待値とリスクを表したものがページ内に示した図表です。この図では左の縦軸が期待値となり、上に行くほど得点のチャンスが増します。

　例えば、真ん中の黒いラインが無死走者一塁という状況だとすると、一死走者二塁から上に行くほど期待値が上がり、一死走者一塁から下に行くほど得点への期待値が下がります。

　横軸は戦術に対するリスクの大きさを表しています。こちらは右に行くほど結果に対するリスクが高まります。

　無死走者一塁の場合、ヒッティングエンドランが戦術としてはいちばんリスクが高いけれども、得るものも大きい可能性がある、ということになります。

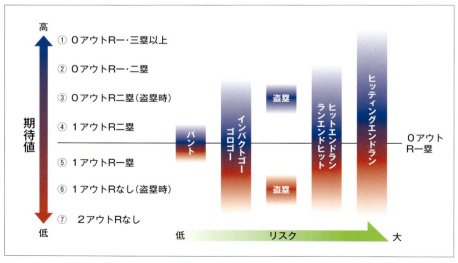

図　0アウトランナー一塁時の期待値と戦術・リスク　イメージ図

攻撃戦術 1　無死一塁

バント

　バントについては基本的にワンストライク目で決めることが大事になってきます。ただし、守備側の観点から言うと、よくあるケースはライズ系のボールでフライを上げさせるという戦術です。

　そのため、バットをストライクゾーンの一番上で構え、高めにしっかりと目を付けて、バットより下のボールをバントする。バットより上はボール球なのでバントしない、といったことを徹底する必要があります。

　また、ライズボールをバントする際にはグリップを下に落とすことでバットのヘッドを立てる、といった対応も有効です。

　このように、ライズボールに対するバントの対応というのは、ソフトボールにおいては必要になってきます。

　バントは投手と捕手、一塁手と三塁手の真ん中あたりに転がすのが基本です。

　フィールディングのうまい投手がいるチームでは、バントの処理を投手のみで行う場合や、右打者の場合に三塁手が前に出てこないケースもあるので、相手の守備体形によって多少コントロールしなければいけませんが、まずは投手と捕手の間にしっかりとバントできるようにすることが大事です。

　また、ソフトボールではバントの見せ方が野球に比べて細かく、バスターの構えからのバントや、ヒッティングのステップからのバントなど、各選手最低でも二つぐらいはバントのバリエーションを持っておいてほしいところです。

　野手はグリップの位置とステップでバントやスラップを見極めようとしているので、常に同じタイミングでバントをしようとすると、思い切った前進シフトを引いてくる場合があるので注意が必要です。

攻撃戦術 2　　　　　　　　　　　無死一塁

ゴロゴー・インパクトゴー

　打者がツーストライクまで追い込まれてしまうと、インパクトゴー、ゴロゴーにサインを切り替えるチームも多いと思います。

　こちらの戦術では打球を転がす、ということが重要です。そのため、スイングはダウンスイングが基本になってくるので、ヒザ元のドロップを空振りしやすくなります。インパクトゴー、ゴロゴーについては、ドロップにしっかり対応するスキルが必要になります。

　ただし、守備側からするとドロップ系のボールは盗塁されたときに捕手が送球しづらく、ワンバウンドで後逸してしまうリスクがあります。守備側としてはバッテリーの信頼関係も含め、守備力が必要になってきます。一方、打者はワンバウンドになるボールを見極めることや、しっかりと転がせるといった要素が必要になってきます。

　そういったことから、上下の変化球に対応するということがバント、ゴロゴー、インパクトゴーについてはいちばん大事になってくるかと思います。

　また、インパクトゴー、ゴロゴーについてはハーフスイングに注意しなければいけません。バットのグリップが前に出ていくと走者はスタートを切る体勢に入るので、そのときにハーフスイングにならないことが大事です。

　また、緩急が大きい投手がチェンジアップを投げた際に、ボールのスピードが遅い分、走者がリードで大きく出過ぎてしまいがちです。投球を打者が見送ったときに、走者が出過ぎてしまって牽制死というケースが、チェンジアップでは多く見受けられます。チェンジアップのときには走者が離塁し過ぎないように注意することも必要です。

　インパクトゴー、ゴロゴーの際、ダブルプレーを避けるために、打者はセンターライン方向を外して打たなければいけません。できれば一・二塁間がベストです。

攻撃戦術 **3**　無死一塁

ヒットエンドラン・ランエンドヒット

　ヒットエンドラン、ランエンドヒットについては、カウントが進んで打者有利になったところ（カウント2－1、3－0、3－1など）で有効な戦術です。

　また、1－0、2－0、2－1といった打者が有利な浅いカウントというのは、スチールもあるため遅いボールを投げられないといった場面なので、バッテリーとしてはライズ系を投げたいところです。そこで、ライズ系のボールを長打にできる打者が打席にいると、ヒッティングエンドランが有効な戦術になってきます。

　二番打者にバントもしっかりできて、ライズなどの上のボールに強い選手がいると、戦術上とても重宝すると思います。

　また、例えばバントのサインでツーストライクまで追い込まれてから、ゴロゴー、インパクトゴーに切り替えた後、カウントが2－2まで進んだ場合、バッテリーとしては3－2にしたくないという思考が働きます。そのタイミングでランエンドヒットを使うのも有効な戦術です。

　ゴロゴー、インパクトゴーでは打者がドロップにしっかり対応することが大事ですが、ランエンドヒットに切り替えることにより、仮に打者がドロップを空振りしても、捕手の捕球位置が低いため、送球体勢に入りづらく、盗塁が決まる可能性が高くなります。加えて、特にランエンドヒットの走者は、見逃し、空振りでも盗塁を決めなければなりませんので（146ページ参照）、走力をもとより、スタート、インパクトの目視（147ページ参照）、中間走、スライディングの技術も重要です。

　さらに、ワンバウンドの投球は捕手の捕球が難しくなるので、ヒットエンドランの際に、「ワンバウンドの投球は打たない」という決め事しておくと、無死二塁という状況をつくりやすくなり、チャンスが広がります。

攻撃戦術 **4**　無死一塁

ヒッティングエンドラン

　ヒッティングエンドランについては、ヒットエンドラン、ランエンドヒットに共通する部分にプラスして、野手、特に外野手の守備位置の確認と打球判断が必要になります。

　18ページの図で示したように、この戦術はリスクも大きいので、内野手へのライナーでもダブルプレーなどは仕方がないと割り切ります。また、内・外野の間のフライで、ダイビングで捕るか落ちるかの打球に関しては、もともとリスクを負っている戦術なので、走者は迷わず次の塁へ向かわせるべきです。しかし、外野フライ、ライナーに関しては、ハーフウェイでの確認、フェンス際での捕球体勢についてはタッチアップする必要があります。そのため、外野手の守備位置をしっかり確認させましょう。

攻撃戦術

2. 一死二塁

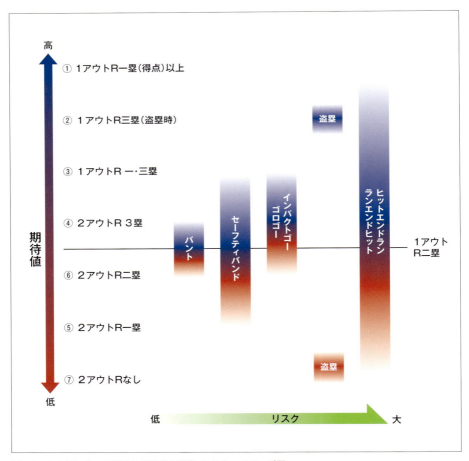

図　1アウトランナー二塁時の期待値と戦術・リスク　イメージ図

　先ほどの無死走者一塁から、バントで走者を進めて一死二塁というシチュエーションになったとします。

　この状況で戦術としてあり得るのは、バント、セーフティバント、ゴロゴー、インパクトゴー、盗塁、ヒットエンドラン、ランエンドヒットとなってきます。

攻撃戦術

二塁走者のリードは約5メートル
一塁走者のリードは約4メートル

　中京大では、二塁走者はリードの際に5メートル出ることを規定しています。塁間約18メートルのうちの約5メートルです。これが一塁走者の場合は4メートルになります。つまり、セカンドは捕手からの牽制が遠くなるので、一塁ベースよりも大きくリードを取ることができる、ということになります。

　さらに、しっかり5メートルのリードを取ることによって、遊撃手が三塁ベース寄りに動かされ、二遊間のヒットゾーンが広がります。

　このように走者から相手の守備にプレッシャーをかけることで、より戦術の幅が広がってきます。

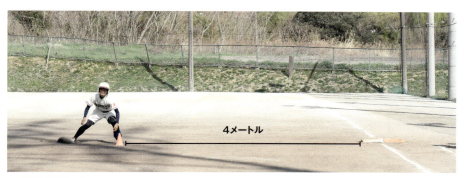

▲一塁走者のリード

▲二塁走者のリード

攻撃戦術 1 　一死二塁

バント

　送りバントについては、高校生のトップや大学生のレベルではほとんど使用しません。しかし、2アウトになっても走者三塁

という状況をつくって相手にプレッシャーを与えたい場面や、走者三塁でどうしても中軸に回したいというときに、進塁打として選択する、という考え方もできます。

攻撃戦術 2 　一死二塁

セーフティバント

　セーフティバントの場合、三塁のベースカバーに三塁手が入るのか遊撃手が入るのかがカギになります。特に右打者のときに三塁手に取らせるようなセーフティバントをすることが多いのではないか思います。

　最悪でも二塁走者を進塁させて、できれば一・三塁もつくりたい。
　そうなるとセーフティバントはリスクもある分、期待値も大きくなるので、22ページの図ではバントよりも右側に置いています。

攻撃戦術 3 　一死二塁

インパクトゴー、ゴロゴー

　インパクトゴー、ゴロゴーについては、先ほど説明した通り、二塁走者がしっかりリードを取ることで広がった二遊間方向へゴロを打ちます。
　また、走者が二塁にいる状況では、バッテリーにはライト方向に打たせたくないという意識が働きます。そのため、配球としてはレフト側のボール（右打者のインコー

ス、左打者のアウトコース）が多くなる傾向があります。
　左打者であればアウトコースのボールを、右打者であればインコースのボールをセンターから右方向に打ち返していく技術が、二塁に走者がいる状況でのインパクトゴー、ゴロゴーでは必要になってきます。三遊間から三塁方向に打つのではなく遊撃手から見ると、遊撃手を起点に右方向（遊撃手の左手方向）にゴロを打つ、ということがこの戦術では大事になってきます。最低でも進塁打、スタートを切れる分、外野に抜ければ得点の可能性も高まります。

攻撃戦術 4 　一死二塁

盗塁

　走者二塁での盗塁は、かなりリスクが高い戦術ですが、成功すると一死三塁となり、大きくチャンスが広がります。

　このケースでの盗塁は配球を読みながら、相手との駆け引きの中で仕掛けていく、といったことが必要です。できればチェンジアップ系の遅いボールや、ドロップなどの下の変化球のワンバウンド（2ストライク後の決め球で振らせたい球）のときにスタートを切りたい、ということになります。

　カウントやシチュエーションで言えば、右打者、左打者にかかわらず、引っ張ったファウルを打った後、例えばストレートを引っ張って強い打球のファウルを打った後などには、バッテリーとしては緩急差を付けたいので、チェンジアップが多くなる傾向にあります。

　さらにカウントが3-2のときは、打者への集中が増すため、走者に対して捕手が警戒を解くことも少なくありません。リスクが高い戦術だけに、このようにカウントやシチュエーションをしっかりと頭に入れたうえで仕掛けていくことが大事になってきます。

攻撃戦術 5 　一死二塁

ヒットエンドラン、ランエンドヒット

　ゴロゴー、インパクトゴーのところでも触れましたが、ヒットエンドランでも打者にレフト側のボールをしっかり打てるスキルが必要です。

　通常、ヒットエンドランの場合は右方向に打つことが基本となりますが、走者にスタートを切らせることによって、遊撃手を三塁のベースカバーに寄せておいて、空いた二遊間にゴロを打つ、という戦術もあります。

　例えばセーフティバントの構えを見せた後などは、三塁手が少し前に出てきます。

　三塁手が前に出るということは、三塁のベースカバーには遊撃手が入るということが条件になってきます。そういったケースでスタートを切ると、同時に遊撃手が三塁ベースカバーに入ろうとします。

　その動きに合わせて二遊間方向、センター方向にゴロを打っていきます。

　もちろん、仕掛けようとする前の状況やカウントをしっかりと整理し、バッテリーがウエストしてこないタイミングを見極めることが重要です。

攻撃戦術

3. 一死一・三塁

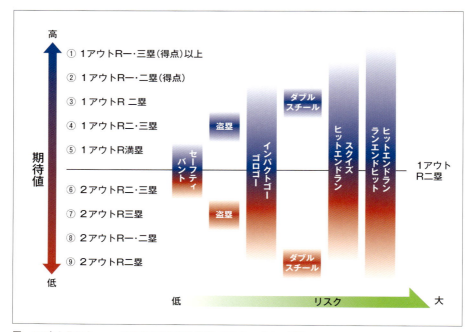

図　1アウトランナー 一・三塁時の期待値と戦術・リスク　イメージ図

続いては一死一・三塁です。

この状況が戦術的にはいちばんいろいろ仕掛けることができます。守る側としても、最も選択肢が多い、様々な局面に対応しなければいけない状況になります。

盗塁、ダブルスチール、ゴロゴー、ヒットエンドラン、一塁走者だけを走らせるヒッティングエンドラン、さらにはスクイズのように見せてセーフティバントで満塁をつくるといった戦術も考えられます。

無死もしくは一死で三塁に走者がいる場合、攻撃側としてはアウトカウントを増やすなら最低限得点をしたいと考えます。そのため、二死二・三塁というのは、走者を進塁はさせているのですが、得点をしていないので、期待値としては下がります。

26

帰塁時の注意ポイント

注意1 打者がブラインドになる

三塁に走者がいる状況で気を付けなければいけないことの一つに、捕手からの牽制球があります。特に、右打者が打席にいる場合、打者がブラインドになって捕手の動きが見えづらくなるので、より注意が必要です。

注意2 帰塁の仕方

牽制時の三塁走者の帰塁は、ヘッドスライディングでベースに戻る際には、まっすぐに戻らず、タッチを避けるようにスライディングをします。

▲タッチを避けて戻る

▲まっすぐ戻る

◀スタンディングで戻る

また、スライディングの際に足にタッチされてしまう場合があります。タイミングによってはスライディングではなく、スタンディングで戻った方がタッチを避けられる場合もあるので、走者は頭に入れておくとよいでしょう。

攻撃戦術 **1** 一死一・三塁

セーフティバント

ここでのセーフティバントは、満塁にしてチャンスを広げることがねらいです。

一・三塁でのセーフティバントの場合、スクイズに見せかけるということが必要で、重要になってくるのは、打者と走者の共同作業だということです。

この場合、三塁手は打球処理の際に三塁走者を視認することができないので、周りの声と捕手の指示でバックホームなのか、一塁に投げるのか、三塁走者の離塁が大きいから三塁に投げるのか、ということを判断しなければならなくなります。

走者はスクイズのタイミングでスタートを切って、打者は三塁手に捕らせるバントをする。三塁手は最初スクイズだと思ってボールを処理しに突っ込んできますが、そこで三塁走者が止まって、守備側を一瞬引きつけている間に、打者走者をセーフにする、といったところがこのセーフティバントのポイントです。

また、一塁走者もスタートを切っているので、二塁手と遊撃手も一瞬、二塁ベースのカバーに入ろうとする動きをする、といったことも想定に入れています。そうなると、三塁走者が大きく離塁しても、遊撃手の三塁ベースカバーが遅れるので、三塁走者がベースに戻る時間をつくることができます。さらに、二塁手も二塁ベースカバーに入る動きが生じた分、一塁ベースカバーは遅れやすくなり、より一層出塁する可能性が増します。

攻撃戦術 **2** 一死一・三塁

盗塁

ここでの盗塁は、一塁走者の二塁への盗塁を想定しています。

この戦術では三塁走者の働きも重要で、一塁走者がスタートを切ったところで、三塁走者が相手にダブルスチールを予測させる動き、捕手が投げようとした瞬間にスタートを切る構えをするなどといったアプローチも必要になってきます。

さらに、遊撃手が二塁ベースカバーに入り、二塁手がカットに入るので、捕手からの送球を二塁手にカットさせるような動き
も必要になってきます。つまり、捕手の送球後、二塁手を送球が通過する前に三塁走者がスタートの構えを見せることでカットを誘発させ、盗塁を成功させるのです。

捕手が二塁手に投げない場合には、三塁に一発で牽制が来ることがあるので、注意が必要です。アプローチはしますが、三塁走者、三塁ランナーコーチは捕手からの牽制があることを頭に入れておきましょう。特に29ページで紹介したように、右打者が捕手のブラインドになるときは要注意です。

28

攻撃戦術 3 　　　　　一死一・三塁

インパクトゴー、ゴロゴー

　インパクトゴー、ゴロゴーは、ヒットエンドランよりもスタートが遅いので、打球が強めのゴロだった場合、内野手が捕球し、ホームへ転送され、完全にアウトのタイミング、というケースも考えられます。その場合、ホームから3歩（約5m）手前のところで捕手が完全に捕球していれば、走者には「挟まれる」という選択をさせます。三塁走者が挟まれることによって、一塁走者、打者走者をなるべく先の塁に進塁させます。

　三塁走者はゴロの速さと送球のタイミングをしっかり判断して、ホームの1歩手前（1.5m）ならクロスプレーになるのでホームに突っ込み、3歩手前は戻って挟まれる、ということを徹底します。この判断を磨くための練習も必要になってきます。

　また、このシチュエーションでは一塁ランナーコーチの指示も重要になってきます。

　一塁走者はスタートを切っているので、三塁走者が挟まれている間に、三塁を陥れることは比較的容易です。

　しかし、打者走者は一塁を駆け抜けてしまうと、時間をロスしてしまい二塁まで行けなくなってしまいます。インパクトゴー、ゴロゴーの場合、一塁ランナーコーチはすぐに打者走者に対して二塁ベースに行くように指示を出さなければいけません。

　これがしっかりできれば、二死にはなっても二・三塁の形をつくることができるので、チャンスが続きます。

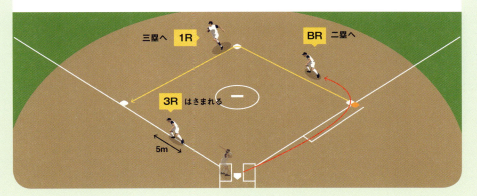

攻撃戦術 **4** 　　　　　　　　　　　　　　　一死一・三塁

ダブルスチール

　ダブルスチールは一塁走者が盗塁したときの三塁走者の動きが重要になります。スタートのタイミングとしては、捕手が投げた瞬間にスタートを切る、例えば相手二塁手の肩が弱いときなどに一発で行かせるバージョンがあります。また、二死だと一塁走者を刺しに来るケースが多いので、このタイミングでのスタートは二死のときに多く仕掛けます。

　さらに、捕手からの送球がカットのセカンドを超えたらスタートする方法もあります。この場合、事前に遊撃手の二塁ベースへの入り方を見ておく必要があります。

　通常、遊撃手が盗塁の際に二塁ベースカバーへ入るときは、二塁ベースと走者の間にポジションを取りますが、タッチする際に走者と交錯をしてしまいます。図1のように、遊撃手が二塁ベースに入るようであれば、三塁走者はタッチプレーに入った時点でスタートを切ることができます。

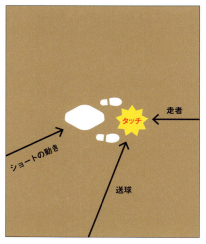

図1　盗塁の際のセカンドベースカバー（交錯）

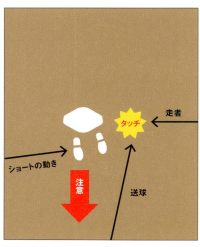

図2　盗塁の際のセカンドベースカバー（手前）

攻撃戦術 5 　一死一・三塁

ヒットエンドラン、スクイズ

　一・三塁でのヒットエンドランのケースでは、バッテリーが一塁走者の盗塁を警戒しているときなどはライズ系のボールが多くなるので、ヒットエンドランの際も高めのボールに意識を置いておきます。

　ただし、ライズ系だけを意識していると、ドロップがある投手の場合、空振りの危険性があるため、注意しなければいけません。打者は相手投手のタイプをしっかりと把握して準備することが必要です。

　スクイズについては、一・三塁や二・三塁でセーフティバントを使うチームは、スクイズという選択肢も持っておくと、守備側も対策がしづらくなります。

　スクイズもあってセーフティもあって、それを同じタイミングでやられるとなると、守備側としては判断しなければならない選択肢が増え、対応しにくくなるのです。

攻撃戦術 6 　一死一・三塁

ヒッティングエンドラン・ランエンドヒット

　このケースでのヒッティングエンドランは、一塁走者のみのスタートになります。ボールカウントが進んで打者有利な状況で使うのが効果的です。

　さらにこのケースでは一塁走者のランエンドヒットもあります。2点目が欲しいという状況で3-0や3-1、3-2といった、投手が確実にストライクをとりにくるときにカウントで有効な戦術です。

攻撃戦術

4. オートマチックサイン／
三塁走者のオートエンドラン

オートマチックサインとは、投球や捕手の構えに対して盗塁やヒットエンドランが自動的に実行されるもので、経験と知識、見定める力と実行する勇気が必要となります。オートマチックサインには二通りの方法があります。

〈特定の行動による戦術の実行〉

● **インゴー**（インコースゴー）
走者一塁で左打者という場面で、
捕手がインコースに構えたら走者は盗塁

● **チェンジゴー**
投手の投球がチェンジアップだったら、走者は盗塁

● **ワンバウンドゴー**
投手の投球がワンバウンドになったら、走者は盗塁

● **捕手が捕球ミスをしたら、走者は盗塁**
（シャッフルで捕手の捕球を確認してからスタート）

〈決め事としてのオートマチックスタート〉
チームの決め事としてのオートマチックスタート。
サインの伝達による実行ではなく、そのケース、アウトカウントになったら自動的に実行される

● **走者一塁、または一・二塁で、カウント0－3、1－3になったらランエンドヒット**

● **捕手からのピックオフプレーの後、ヒットエンドラン**

● **捕手が立ち上がって外した後、ヒットエンドラン**

など

オートマチックサインは他のサインと組み合わせて使用することで、より効果を発揮します。また、決め事によるオートマチックスタートはサインの伝達すらないため、相手にしてみれば、なぜその作戦が実行されたのかがわからず、相手守備の思考を惑わせることにも繋がります。

オートマチックサインの中に無死、または一死で三塁に走者がいるときに、捕手がインコースに構えたらヒットエンドランを仕掛けるという戦術があります。

この場合、走者は捕手が打者のインコースに構えたらスタートを切り、打者は真ん中からインコースの投球が来たら叩きつけるバッティングでゴロを転がします。

通常のヒットエンドランと同じく、打者は投手に正対し、身体を開くことによってバットの可動域を広げ、確実にミートすることを心掛けます。

打者は捕手の位置を確認できないため、投球のコース（インコース）に対応して作戦を実行します。そのため、荒れ球の投手の場合はリスクの高い戦術となります。ただし左打者の場合は、走者のスタートが目視できるので、スタートを確認してから作戦を実行できるという利点があります。

また、この戦術では捕手が立ちあがってウエストしない場合にオートエンドランを実行するといったバリエーションも考えられます。

▶走者は捕手がインコースに構えたのを確認してスタート

▶打者はボールを確実に叩いてゴロを転がす

攻撃戦術

5.ランナーコーチ

　一塁ランナーコーチが判断する状況としてはまず打者走者の駆け抜けがあります。

　一塁ランナーコーチはプレーを見るのはもちろんですが、カバーリングが入っているかもしっかり見なくてはなりません。それがしっかりできていれば、カバーリングが入っていないときや遅れているときに、送球が逸れたらすぐに次の塁へ向かわせる指示ができます

　カバーがしっかり入っている状況でボールが逸れたときに、ゴーの指示を出して走者が次の塁に行く姿勢を見せてしまうと、その時点でインプレーヤーになってしまいます。その辺りをしっかり判断するにためにも、一塁ランナーコーチはコーチャーズボックスの後方にポジションを取ります。

　さらに、一塁走者と二塁走者に対する牽制が入るかどうかの確認も一塁ランナーコーチの重要な仕事です。

　三塁ランナーコーチは、一塁に走者が出たらいちばん外側（レフト側）にポジションを取ります。一塁走者が二塁ベースを回ったときに、いちばん見やすい位置にいるということが大事です。

三塁ランナーコーチの立ち位置

走者一・二塁のときはホームベース寄りにポジションを取ります。この状況ではフォースアウトも考えられるので、走者がまっすぐ来ることも想定しながら、二塁手・遊撃手の牽制やポジショニングを指示します。

二人の走者に両手を使って指示を出す

一・二塁での走者への指示の出し方は、右手は二塁走者、左手が一塁走者への指示を表すようにします。打球の状況によっては二・三塁間に二人の走者が重なる可能性もあるので、走者が混乱しないように、それぞれの走者に対する指示を明確に分けておきます。

牽制を注意する

三塁走者には三塁手の背中ぐらいまでリードを取らせます。走者が三塁手を越えてしまうと、捕手からの牽制でアウトになるリスクが高くなるため、注意が必要となります。

ソフトボール Q&A

チームづくりで必要なこと、指導の際の注意点を二瓶先生に聞いてみました。

Q1 オーダーを組む際に注意するポイントはどこですか。

A オーダーを組む際には、初回に1点取れるかどうかの視点が必要だと思います。一番からの打順が最も点数を取れる可能性が高いはずですから、自チームの戦力でどうしたら一番から点数が取れるのかを考える必要があるのです。

この考えがなく、最初から一般的なセオリー（一番打者は足の速い高出塁打者、二番打者は小技で進塁打が打てる、三番はなんでもできて走力もある好打者で、四番はチームで最も頼りになる打者などなど）に当てはめてオーダーを組んでしまうと打線が機能しないことが多々あります。

簡単な例で言えば、四番打者タイプがいないのに、セオリー通りに三番打者までつないでも点数は望めないということです。そのような、杓子定規な考え方はまず捨てて、はじめにやることは自チームを客観視し、点数が取れるオーダーなのかを考えることです。打率（ミート力）、出塁率、走力、長打力、右か左か、今の調子は……など自チームをしっかりと分析する必要があります。また相手投手の特徴（ストロングポイントとウィークポイント）と自チームの打力比較やバッテリーの配球、捕手の送球力、内野の守備力、外野手の守備力、フォーメーション（特に内野）なども含めてオーダーを考える必要があると思います。

Q2 ミーティングはどのくらいのペースで行うのが良いでしょうか。

A 戦術を理解させるためには、選手自らが考え、発見や気づきを得ることがとても大切です。

与え続けても選手に残るのはほんのわずかですので、やればやるだけ浸透するわけではないと思います。そうかと言って、「いきなり考えろ」というのもこれまた難しいですから、ある程度のペースは欠かせないと思います。一週間のサイクルの中で一回、30分～1時間ぐらいはチームとして戦術について考える時間があっても良いのではないでしょうか。

そして最も大事なことは、戦術を浸透させる"タイミングを見逃さない"ことだと思います。特に、重要な大会やライバル、格上の相手との試合前後は有効です。「鉄は熱いうちに打て」のことわざの通り、重要な試合やライバルとの試合、格上の相手との試合前後は、選手も熱くなり戦術を浸透させやすいと思います。日頃から考えさせる習慣をつくりつつも、鉄が熱くなったタイミングを見逃さないことが大切だと思います。

また戦術を浸透させる方法も重要ではないでしょうか。多くの場合、試合中・後に起こっていること、起こったことを取り上げて、戦術理解を促すことが多いように思います。それはそれで悪いことではありませんが、戦術とは複合的な動きや時系列でいうと過去を生かす場合がありますので、その視点がない選手に説明してもわからない場合があります。カメラで動画を撮っておいて、少し時間をおいて客観的な視点から戦術の理解を促すことも有効だと思います。

第3章
投手の変化球とその効果

ライズ、ドロップ、チェンジアップ、
スライダーなど、変化球を投げる投手もいる。
それぞれの有効性や弱点を知ることで、攻撃の選択肢を決めることもできる。
この章では攻撃のために投手の特徴を探っていく。

投手の変化球とその効果

1.相手投手の特徴を知る

第2章で盗塁をねらうならチェンジアップやドロップなどの変化球でワンバウンドのときに仕掛けたい、と書きました。配球を予測する、相手投手の特徴を知る、といったことも攻撃の戦術を考える際には必要な要素となってきます。

相手投手の球種や、特徴、またリーグ戦などで何度も対戦している投手であれば、その日の調子といったことなどをチーム内で共有することも重要です。

ここでは投手の変化球とその効果について説明していきます。

投手の変化球とその効果

2.球種とその効果

まず球種によるプラスの効果とマイナスの効果を説明します。

この変化球の効果を把握していないと、ケースに応じた戦術の選択ができなくなってしまいます。

例えば盗塁のサインを出すのであれば、なるべくチェンジアップのタイミ

ングで走らせたいですし、逆にライズボールが想定される場面では盗塁を仕掛けたくありません。

その状況における配球の予測と変化球の特徴によって、ベストな戦術を選択できるようにしておかなければいけません。

〈変化球とその効果〉

球種	＋	－
ライズ	空振り フライアウト ボール球を振らせれる 捕手からの牽制 盗塁時の送球がしやすい 走者有り時に多用しやすい	投げ損じは飛距離大 ストレートより遅い半速球 引っぱり方向への 長打の可能性大 投げ方、握りでばれる 見逃せばボール球
ローライズ	空振り フライアウト 見逃しストライク （ボールからストライク） 走者有り時に多用しやすい	投げ損じは飛距離大 ストレートより遅い半速球 引っぱり方向への 長打の可能性大 投げ方、握りでばれる
ドロップ	空振り ゴロアウト 長打が少ない	投げ方握り方で ばれることがある ワンバウンドが多い 捕手の守備力を必要とする 内野の守備力を必要とする 進塁打を打たれやすい
チェンジ	タイミングを外す およがせてフライ、ゴロアウト 引っ掛けさせてゴロアウト	高さの甘い球は打たれやすい 遅いため盗塁を許しやすい 投げ方、握り方で ばれることがある ワンバウンドが多い
スライダー	食い込んでつまらせたり、 逃げておよがせたり、 芯を外しやすい 特に左投手vs左打者は有効	右vs右、左vs左時の インコースは 芯に当たりやすく、 長打になりやすい
シュート	食い込んでつまらせたり、 逃げておよがせたり、 芯を外しやすい 右投手vs右打者のインコース、 右投手vs左打者のアウトコースは有効	右vs右、左vs左時の アウトコースは 芯に当たりやすく、 長打になりやすい

球種とその効果 1

ライズボール

ライズボールのプラスの効果というのは、空振り、フライアウトが取れるということです。ライズボールとは浮き上がる変化球で、打者からの見た目には、ストライクコースからボールゾーンに外れていくので、ボール球を振らせることができます。

さらに走者がいるときには、捕手が立って捕球するため、捕手からの牽制が投げやすくなります。同様に盗塁されたときにも捕手の送球がしやすくなります。そのため、バッテリーとしては走者がいるときに多用しやすくなります。

マイナス面はと言うと、半速球、つまりストレートよりは遅いボールになるので、打たれた場合、飛距離が増しやすいということがいちばんに挙げられます。

打者のポイントも高めになるので、前目のポイントでボールを捉えられやすくなります。

バットスイングというのは、手首が返ったところでいちばんスイングスピードが速くなるので、そこでとらえられる引っ張り方向の長打になりやすくなるのです。

つまり、ライズボールの場合、ミー

トポイントが前になることと、半速球ということで、打者としてもいちばんスイングスピードが出たところで捉えやすいということになります。

投げ方にも特徴があり、高低差を使いたいために低いところからリリースする投手も多く、握りも指をボールにかけて握ることが多いので、腕が最も高い位置（トップ）まで上がったところで球種がばれやすいということもあります。

また、基本的にはボール球を振らせるための球なので、見逃されるとボール球になる点もマイナス効果です。

40

球種とその効果 2

ローライズ

　ローライズというのは、低めのボールゾーンからストライクゾーンに入ってくるボールのことです。

　効果としてはライズボールと同じで空振り、フライアウトが捕りやすいボールとなります。

　見逃せばストライクというのは当たり前ですが、ボールが上がってくる分、走者がいる場合にも対応しやすくなります。

　ただし、こちらも半速球なので、ライズボールと同じようなマイナスの効果もあります。

▲球種とその効果を知っておくことは大事

41

球種とその効果 3

ドロップ

ドロップは低めをねらって投げるボールなので、ライズなどといった高めのボールに比べると、打者としてはポイントを自分の近くまで呼び込む必要性が出てきます。

高めを見せられた後や、ライズでファウルを打った後では、空振りをしやすいボールとなります。

送りバントの場面でも、上からバットをかぶせに行ってドロップを空振りすることが多く見られます。

また、ゴロアウトを取れるので失点につながりにくい、長打になりにくいというこ

ともプラスの効果として挙げられます。

マイナス面としては、ライズと同様、ボールを握る際に親指を外したり、挟んだりすることが多いので、握り方で球種が判明する場合があります

さらに、いちばんのマイナス効果は、ワンバウンドが多くなるということです。そのため、捕手の守備力を必要としますし、打球もゴロが多くなる分、内野の守備力も必要になってきます。

また、ワンバウンドが多いということで、走者がいるときには用いにくくなります。ワンバウンドを嫌って高さが甘くなって痛打を食らう投手は、投げ損じというより、暴投を恐れた結果と考えます。

球種とその効果 4

チェンジアップ

チェンジアップについては、プラスの効果としてタイミングを外し、およがせてフライアウトやゴロアウトが取れる、引っ掛けさせてゴロアウトが取れるということがあります。

マイナスの効果としては、ボールのスピードが遅いので、盗塁を許しやすいことがいちばんに挙げられます。また、スピードが遅いため、高さが甘いと引っ張り方向に長打を打たれやすくなります。

握りも指をサークルにするので、そこで球種がわかってしまう可能性もあり、ス

テップもストレートに比べると短くなる、といった特徴もあります。

さらに、ドロップと同様に、低めにコントロールしようとするとワンバウンドになりやすいので、走者のいる場面では使いづらくなります。

投手の変化球とその効果

ステップの違いで球種を見分ける

ストレートのステップ〜ステップが広い

チェンジアップのステップ〜ステップが狭い

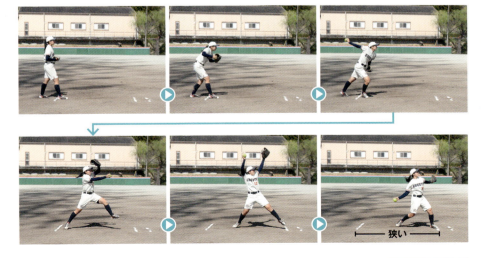

球種とその効果 **5**

スライダー、シュート

横に変化する球種は、スライダーとシュート2種類あります。

この二つの球種は懐に食い込ませたり、外に逃げて行ったりと、コースの幅を使えるボールになっています。特に左投手対左打者の場合、外に逃げていくスライダーが有効になります。

ただし右投手対右打者、左投手対左打者の場合、どちらもインコースのスライダーはよく飛ぶと言われています。

これは、打者が身体を開き気味のところに身体側からホームベースに向かって甘くなる球を打てるので、体重を乗せやすいためです。先ほども言ったように、ヘッドの返ったところでとらえた引っ張りの打球は長打になりやすい傾向があります。

このようなことから、インコースにスライダーを投げる際には注意が必要です。

シュートの場合はスライダーと逆の変化になるので、右投手対右打者のインコース、右投手対左打者のアウトコースが非常に有効です。

右打者の場合はインコースに詰まってくるボールで、左打者の場合はアウトコースに逃げていくボールになります。

ただし右投手対右打者、左投手対左打者のケースでは、アウトコースのボールが甘く入ってしまうと、インコースのスライダーと同じように長打になりやすいという傾向があります。

まとめ

変化球の効果としては、
特に高低のボールとチェンジアップが戦術を考える上では重要になってきます。
ライズを投げるのかドロップを投げるのかといったことや、
チェンジアップをどのような場面で使ってくるのかと言った部分を
しっかりと見極めることが大事になってきます。

投手の変化球とその効果

3.投手の特徴について

　試合では、実際に打席に入ったときに感じた投手の特徴を共通言語化して、チームで共有することも大事になってきます。

　投球のスピードについては、投手の主観と客観（スピード計測表示）では違ってくる場合が多く見受けられます。

　投手はボールが走っていると思っていても、全然スピードが出ていないということがあります。もちろん打者も同じで、感覚では「ボールがきてる」と思っていてもそれほどスピードが出ていない場合もあります。

　そのギャップを修正するために、大体の目安として、46ページの**「図（スピード＝ボール速さ）」**のような分類をしています。

　一番打者がどのようなストレートなのかをしっかり把握して、次打者以降に伝えることによりメンバーの感覚を合わせていくといった、主観的なものを客観的にしてチーム全員で共有するという作業を行っていくとよいでしょう。

投手の変化球とその効果

4.ファストボール(ストレート)の スピードについて

表の言葉の使い方や表現の部分は、それぞれのチームでアレンジして使ってもらえればと思います。

このようにファストボールについては5段階で評価していますが、カテゴリーによっては、「速い」「普通」「遅い」の3段階ぐらいでもいいと思います。

80キロ台では「遅い」、90キロ前半では「普通より遅い」といった使い方をします。

同じように95-100キロぐらいを「普通」、100キロを超えてくると「ちょっと速い」、105キロを超えてくると「速い」という表現を使い、選手全員で相手投手のその日のストレートのスピード感を共有します。

〈投手の特徴を知る〉

スピード=ボールの早さ	
80km/h台	遅い(全然きてない)
90〜95km/h	普通より遅い(きてない)
95〜100km/h	普通
100〜105km/h	ちょっと速い
105km/h〜	速い(きている)

投手の変化球とその効果

5.ファストボール(ストレート)の タイプについて

ファストボールという同じ球種を投げていても、投手によってボールに個性が出てきます。その投手のストレートがどういったタイプなのか、チーム内で共有することが大事になります。

ここでは大きく7つに分類します。

タイプ1は球筋が変化せず、まっすぐズドンと来るようなボールです。

タイプ2はライズ系、ストレート自体がスライダー回転で浮いてくるようなボールです。

タイプ3はトップスピンの利いたファストボールで下方向へ沈むタイプです。

タイプ4のスライダー系は、左投手に多く見られるタイプです。

以上の4タイプに分類できる投手が数としては多いと思います。

タイプ5のスライズはライズにも似ているのですが、曲がりながら浮いて来るようなボールです。

タイプ6のスラドロは曲がりながら落ちてくるようなストレートです。

タイプ7のスー系というのはスーっと入ってくるライズ系のボールです。

これは普通のライズと違い、スピードは遅く、それでいて、スーッと伸び

てくるように見えるボールをこのように表現しています。

ストレートの特徴を考えても、やはりライズ系ストレートを持っている投手の場合は走者が走りづらくなってきますし、逆にストレートがドロップ系の投手の場合はワンバウンドで盗塁をねらっていきやすい、ということになります。また、投手によっては高めはライズ系で、低めはスラドロ、レフト側のボールはまっすぐだが、ライト側のボールはスライダーなど、投げる高さ、コースによって違う変化を見せるファストボールを持った投手もいます。

変化 ＝ ボールの変化	
タイプ I	変化無し まっすぐ ズドン
タイプ II	ライズ系
タイプ III	ドロップ系
タイプ IV	スライダー系
タイプ V	スライズ (スライダーとライズ)
タイプ VI	スラドロ (スライダーとドロップ)
タイプ VII	スー系 (スーっとくる ライズ系のボール)

47

投手の変化球とその効果

6.リリースの位置による
　投手の傾向

　リリースの位置により投手は５つに分類されます。

　ドロップ系の投手の場合、「高低差をつけたい」「上から落としたい」という意識が働くため、リリース位置が高くなりがちです。上体が立った状態で投げてくるイメージです。

　逆にリリース位置が低い場合は、ライズ系の投手が多くなります。前ヒザを曲げて野球のアンダースローのように投げることで、高低差を使いやすくなります。

　腕をクロスさせるようにリリースする投手は、手を返して回転を与えるため、スライダー系の投手に多いです。特にコースの幅を広く使ってくる投手がクロスを採用する傾向にあります。

　また、このタイプの投手は、投手プレートの端を使って投球する傾向があります。

　投手プレートの真ん中を使い、まっすぐリリースして来る投手は、ライズやドロップといった縦の変化を武器にしている投手が多くなります。

　表には書いていませんが、ごくまれにオープンステップの投手も存在します。

　オープンステップの場合、身体の開きが早くなるため、ボールにシュート回転がかかりやすくなる傾向があります。

見え方	リリース
リリース位置　高	ドロップ、スラドロ系（縦変化有用）の投手
リリース位置　底	ライズ、スライズ系（縦変化有用）の投手
リリース位置　クロス	スライダー、スライズ系（横変化有用）の投手 プレートの端を使っている
リリース位置　真っすぐ	ライズ、ドロップ系（縦変化有用）の投手 プレートの真ん中を使っている

投手の変化球とその効果

7.投球フォームやタイミング

投手によってフォームやタイミングも違ってきます。フォーム自体のタイミングに加え、打者のタイミングをずらすために意識的にフォームやテンポを使い分ける投手も増えてきています。

例えば、バックスイングがなくて、すぐボールが出てくるフォームの投手の場合、打者としては非常にタイミングが取りづらくなります。

投球間隔は20秒以内というルールになっているため、15秒ぐらいの間隔での投球が一般的です。

テンポが速い投手の場合には、捕手の返球を受けてから10秒ほどで投げてきます。また、高校生はテンポが速い投手が多く、実業団になると20秒目いっぱい使ってくる投手が多いという傾向もあるようです。

投球のテンポに関しては、当然投手が意識して速くしたり遅くしたりしています。最近の傾向では、野球でいうクイックモーションのように、状況に応じてタメの浅い、深いを使い分ける投手も出てきています。

投手からの牽制がない分、こういった部分はあまり注目されてこなかったところですが、最近では20秒の中で早く投げたり、長く持ったりといった、使い分けをする投手が増えてきています。

この辺りは割と盲点になりやすいところなので、しっかりと相手投手のタイミングやテンポを把握し、見た目と打席での感覚にずれがある場合には早めに修正することが重要となります。

見え方	フォーム	タイミング	テンポ
速い	バックスイングがない	タメが浅い	テンポが速い
遅い	バックスイングが長い	タメが深い	テンポが遅い

投手の変化球とその効果

8.投手のその他の特徴

　野球と同様に、ソフトボールでも投球フォームと投球にギャップのある投手が存在します。

　打者は投手のフォームに合わせてタイミングを図るので、ベンチから見ていて、「なんか打てそうなボールなのに打てないな」と感じるときは、その辺りのギャップが原因となっていることが多いようです。

　投球フォームが遅くてボールが速い場合はつまらされてしまいますし、逆にフォームが早くてボールが遅い場合には、打者としてはどうしてもおよぎやすくなってしまいます。

　特にフォームが速くて、ボールがきていない場合にははまりやすいので注意が必要です。ソフトボールは7回とイニングも短いので、一人の感じたギャップを早めにすり合わせないと、あっという間に試合が終わってしまいます。

　また、テンポが速くてタイミングが取りにくい投手は打者側からすると始動、準備が遅れます。当然、ポイントが遅れやすく、つまりやすいということになります。

　その他にも以下のような特徴もあります。
- 自分の間を取りながら投げる投手
- 腕の回転、リリースが見づらい投手

　こうした相手投手の特徴を、チーム全員で早めに共有することが大事になってきます。

見え方　その他の特徴	
フォームとストレートのギャップがある投手	**自分の間を取りながら投げる投手**
➡フォームが速いがボールがきてない ※ポイントが前になりやすく、およぎやすい	➡セットが長かったり、短かったりする ※自分のスイングができない
➡フォームが遅いのにボールがきている ※ポイントが遅れやすく、つまりやすい	**腕の回転、リリースが見づらい投手**
テンポが速くタイミングが取りにくい投手	➡ストレートが球速よりも速く見える ※ストレートがつまる　チェンジがおよぐ
➡始動、準備が遅れる ※ポイントが遅れやすく、つまりやすい	**クロスステップ（ツーステップ）の投手**
	➡踏み出してからワンテンポ間がある ※腕の回転が最上位で一度止まるように見える

第4章
カウントを考える

ボールカウントは全部で12通りある。
カウントによって投手有利、打者有利があるが、
攻撃を仕掛けるなら打者有利のカウントで仕掛けたほうがいい。
ここではカウントを意識しながらの攻撃を考える。

カウントを考える

1.カウントを考慮した戦術

　カウントは０－０から３－２まで12個のパターンがあります。カウントイメージ図では打者が有利と言われるカウントを青で、バッテリーが有利と言われるカウントを赤で表しています。

　緑で示した１－１や２－２といった、いわゆる並行カウントというのはどちらが有利とも言えないと考えることもできるのですが、特にボールカウントからストライクカウントが増えた場合、例えばカウント１－０から１－１にもっていくと最後のボールがストライクということになるので、そのイメージが強くなります。

　そのため、こういったケースでは並行カウントでも心理的に投手側に有利に働きやすい傾向があります。逆にカウント０－１から１－１になった場合は打者側に有利に働く傾向があるようです。

　第２章で触れた、リスクのことを攻撃側から考えると、リスクの大きい戦術は打者有利のカウントで仕掛けたいということに繋がっていきますし、バッテリーが有利なときにはリスクの小さい方を選択する傾向があるのではないかなと思います。

52

〈ボールカウントと意識イメージ図〉

■ 打者有利　■ バッテリー有利　■ どちらでもない

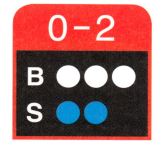

カウントを考える

2.データを利用した組み立て

　いまはデータをしっかり取る時代になってきているので、どの打者でも苦手なコース、苦手な高さ、苦手な球種といったものはある程度判明しています。

　そのため、苦手なコース、高さ、球種でストライクを取る、また、得意なコース、高さ、球種の「ボール球」を振らせるということを配球としているチームもあります。

　例えば速い球が得意でチェンジアップが苦手な打者なら、ワンストライク目をチェンジアップで取って（0－1）、2球目はインコースのボール球のライズでファウル打たせる（0－2）。一球アウトコースのストレートをボール球として見せておいて（1－2）、最後はチェンジアップ、つまり苦手な球種のボール球を振らせる、という組み立てが考えられます。

　このように、苦手なところをベースとして組み立てる、というのがバッテリー側の考え方のひとつです。

　さらに、バッテリー側の目線から見ると、ワンストライク目を取ったところの配球というのが重要になってきます。

　ワンストライク目をインコースの見逃しで取った場合、同じコースからボールになるドロップを投げるのか、同じ球種でアウトコースのボール球にするのか、もしくは1球目のインコースに打者が全然反応しなければ同じコースに違う球種、1球目がストレートで取れたのならチェンジアップ、といった選択肢が出てきます。

　こうしてツーストライクに追い込めば、打者にはワンストライク目のインコースというイメージがあるので、同じコースからドロップなりライズをボール球にして使うことができます。

　さらに、その打者の次の打席では、当然インコースに意識があるので、アウトコースのチェンジアップから入る、つまりコースと球種を変えてカウントを取りに行きます。

　また、試合が進んでいくにつれ、前の打席の結果というのが大事になってきます。

　例えば前の打席でストレートを引っ張られてヒットを打たれたのであれば、引っ張られたコースと逆のチェンジアップから入る、という考え方になります。

　バッテリー側としては、それまでの打席で得たデータを次の打席に活かしていく、という形になると思います。

55

カウントを考える

3.打者のミートポイントから 配球を考える

変化球の場合、打者のポイントは高めの場合若干前、踏み出した足の上か、それよりも少し前ぐらいがミートするポイントになります。

それが、ボールの高さが下がるとともに、ポイントもだんだん斜めに下がってきます。低めの場合は踏み込んだ足の内側ぐらいで捉えていくことになります。

そのため、ポイントが前になる高めでファウルを打たせたら、打者には上からたたくイメージが残るので、ドロップを落とすと同じように振ってくれて、空振りが取れることがあります。

このように高低差を使った組み立てもあります。

同じようにインコースを引っ張ってファウルになった場合は、タイミングが速いと思って修正できるのか、うまく打ったと思うのかという打者の力量にもよりますが、前者であればチェンジアップでタイミングを崩す方法もありますし、後者ならボール球のライズを振らせることもできます。

また、インコースで詰まらせた場合は、打者もポイントを前に置こうとするので、バッテリーからするとチェンジアップが有効となります。

その辺りはベンチで見ていて、前章で説明した通り、打者が変化球に対してどのポイントでどのように打っているのかを把握する必要があります。

例えばドロップやチェンジアップが想定される場面を考えるとするならば、一球目にインコースのストレートをファウルにして、二球目はアウトコースのボールを見逃し。三球目にインコースのライズ気味のボールをファウル、といった状況があったとします。

そうなると、インコースの速球と高めのボール（ライズ）に手を出しているので、低めのドロップ系、チェンジアップ系を投げてくる可能性が高くなります。

そういったところでスチールやエンドランといった選択ができてきます。

重複になりますが、ライズも含め高めの速いボールのときは走者をなるべく動かしたくはありません。チェンジアップやドロップが想定される場面でスチールを仕掛けていきます。

カウントを考える

4. 配球をベースに戦略を選択する

　ヒッティングのエンドランを仕掛けるときには、チェンジアップが2球、例えば初球ストライク、2球目ボールとなったときに、同じ球種を3球続けることはあまりないので、次の投球はストレートだと判断してサインを出します。

　特に2ボール1ストライク、例えば初球アウトコースのストレートがボール、2球目インコースのチェンジアップでストライク、3球目インコースのチェンジアップがボールといった状況ですと、バッテリーとしてはカウントを3-1にはしたくないので、ボールになりやすいライズ系のボールという選択肢は取らないことが多くなります。

　そうなると、次の投球はストレートを選びやすいということになります。

　つまり、打者有利のカウントで、チェンジアップが2球続いている、ということで球種がしぼれ、打者がより有利な分、リスクの高いヒッティングエンドランを選択する、という考え方になります。

57

カウントを考える

5.攻撃を仕掛けやすいカウント

　カウント０−２はアウトコースのボールでウエストしやすい場面ですが、これがバッテリーにとっては鬼門となる場合があります。

　このシチュエーションでは高めの見せ球、特にライズを持っていない投手の場合、アウトコースのボール一つ分外、あわよくばストライクが取れるようなコースにストレート系のボールでウエストすることがほとんどです。

　アウトコースのストレートというのはエンドランを決めやすいボールとなるため、ここでエンドランを仕掛ける、という選択肢も出てきます。

　バッテリーにとっては３−２というカウントも鬼門になります。

　例えば、１点を争う一死二、三塁の場面があったとします。

このケースではカウント2-2まではスクイズを警戒してウエストしたりしますが、3-2になるとバッテリーにも欲が出てくるので、完全なウエストボールというのは投げなくなります。

外すにしても、ストライクゾーンから少しだけ外れたボール球を投げて来る、といった傾向があります。

そのため、3-2からエンドランを仕掛ける、という考え方も出てきます。

また、カウント3-0といったシーンでは、バッテリーは当然ストライクを取りに来るので、ランエンドヒットも使えます。

走者一塁、一、二塁のときはスリーボールからのランエンドヒット、というのも作戦としては有効です。

ただし3-0だと甘めのボールでストライクを取りに来ますが、3-1だと厳しいところでストライクを取ってくる傾向があります。

同じスリーボールでもストライクカウントによってバッテリーの攻め方も変わってくるので、注意が必要となってきますが、この辺りのカウントは攻撃側からすると仕掛けやすいカウントと言えるでしょう。

カウントを考える

6.前の打席の結果を活かした戦術

　例えば打者が前の打席でストレートを打って安打している場合、バッテリーとしては初球を変化球から入ってくる可能性があります。

　この際、オートマチックの「チェンジゴー」を使えるようにしておくと有効です。

　さらに左打者がアウトコースを打って安打している場合、インコースから入る可能性がありますので、オートマチックの「インゴー」を使うのも有効です。左打者がいることで、右投げの捕手は自身の左側へステップを一歩切ってから送球しなければならず、盗塁できる可能性が高まります。

　このように、前の打席でどのような球種の、はたまたどのコース、高さを打っているのか、といったことが、次の局面での戦術を選択する根拠になります。

第5章
走塁練習

出塁した走者は
それぞれ状況判断をしながらの走塁が求められる。
ここでは一塁、二塁、三塁の
各走者の走塁練習を紹介していく。

走塁練習

正しい走塁を身につける①

Menu **001** 走塁／スタート

難易度 ★★★☆☆
時　間 5～10分

習得できる技能
▶ テクニック
▶ フィジカル
▶ 状況判断
▶ チームワーク

やり方

ベースからスタートして4歩までを、上体が上がらないように注意しながら、大きなストライドで走る。そのとき目線は斜め前方に落とすようにする

❓ なぜ必要？

スタートでスピードに乗る

スタートが早い選手は、より前傾した姿勢を保つことができる。スタート後、下腿（ヒザ下）が前傾した姿勢で股関節の伸展動作で"地面を押す"走りができることが重要（永原，2017）。

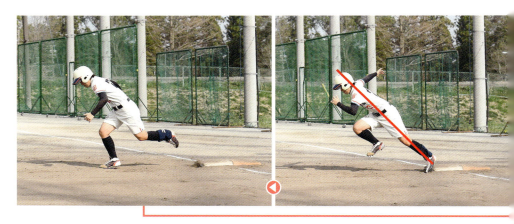

! ポイント

ヒザと上体を落としながらスタートする

下腿（ヒザ下）と上体が平行になるぐらいのポジションが力が伝わりやすいため、脛骨の角度と上体の角度を合わせるイメージが重要となる。

上体を上げない

上体が上がってしまうとスピードが落ちるので注意する

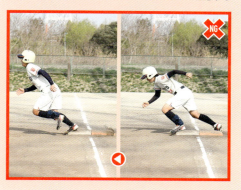

走塁練習

正しい走塁を身につける②

Menu **002** 走塁／中間

難易度 ★★★☆☆
時間 5〜10分

習得できる技能
▶ テクニック
▶ フィジカル
▶ 状況判断
▶ チームワーク

やり方

スタートからスライディングの直前（二塁ベース手前1.5メートル）まで、上体が上がらないように注意しながら、大きなストライドで走る

❓ なぜ必要？

スピードを落とさない走塁を身につける

走っている途中で上体が上がってしまうと、加速しきれないので、しっかりと上体を落とした走塁を心がける（永原, 2017）。また、塁間を自分が何歩で走るのかを確認し、常に同じ歩数で走れるようにしておく。

ポイント 歩幅を肩幅に保つ

足が交差するように走ってしまうと上体が高くなってしまうので、歩幅は肩幅に保つように二本のライン上をまっすぐ走るように練習のうちから意識しておく。

ここに注意!

上体を上げない

上体が上がってしまうとスピードが落ちるので注意する

走塁練習

スライディングの技術を身につける

Menu **003** スライディング

難易度 ★★★★★
時間 5～10分

習得できる技能
▶ テクニック
▶ フィジカル
▶ 状況判断
▶ チームワーク

やり方
塁間を全力で走り、ベースの1.5メートル手前からスライディングする

❓ なぜ必要？

減速が少ないスライディング

走塁のスピードをスライディングで損なわないために、摩擦の少ないスライディングを身につける。

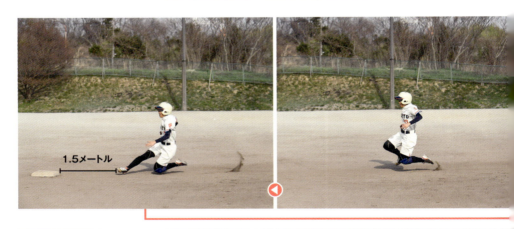

! ポイント

地面との接地面を少なくする

スライディング時の減速を最小限に抑えるために、地面との接地面を少なくし、重心を高く保ち、お尻をつけずにヒザを使って滑る（田尻 , 2015）。

▲重心を高く保ち
ヒザで滑る

▲接地面が大きく
お尻で滑る

👆 ワンポイントアドバイス

身体の向きは横向き

次のプレーにすぐに移行できるように、ベースについたらすぐに立ち上がる必要がある。上体が正面を向いてしまうと、起き上がるのに時間がかかるため、身体は横向きにする。

▲横向きでス
ライディング

▲正面を向いて
スライディング

走塁練習

状況判断をしっかりと行い、次の塁をねらう①

Menu 004 打者走者のベースランニング

難易度 ★★☆☆☆
回数 2〜5回

習得できる技能
▶ テクニック
▶ フィジカル
▶ 状況判断
▶ チームワーク

やり方

1. バッターボックスでスイングをしてから一塁ベースを駆け抜ける
2. 一塁手への送球が逸れたことを想定して、一塁ベースコーチは駆け抜けから二塁へ向かうように指示をする
3. 走者は切り返して二塁へ走り、スライディングでベースに到達する

? なぜ必要?

先の塁をねらう意識を植えつける

送球エラーは試合の中で必ず起こるもの。そうした時にすぐに次の塁をねらえるように練習から意識づけをする

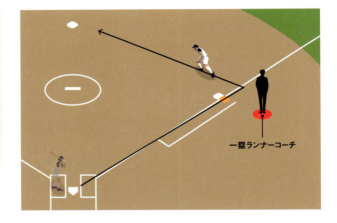

一塁ランナーコーチ

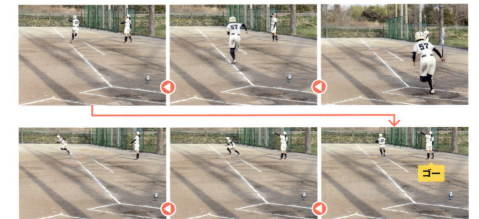

ゴー

ポイント ロスの少ない走塁を心がける

走者は一塁を駆け抜けた後、ベースラインまで戻ってしまうと時間のロスになるので、止まった位置からまっすぐ二塁ベースを目指す。

止まった位置から二塁へ

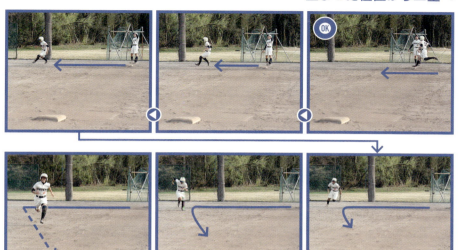

ベースラインに戻ってから二塁へ

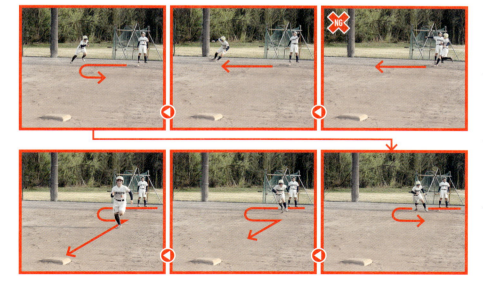

走塁練習

状況判断をしっかりと行い、次の塁をねらう②

ねらい

Menu **005** 一塁走者の走塁

難易度 ★★★☆☆
回　数 **2～5回**

習得できる技能
▶ テクニック
▶ フィジカル
▶ 状況判断
▶ チームワーク

やり方

1. ヘッドスライディングのケガ予防のため、マットを用意する（重ねたダンボールでも良い）
2. 一塁走者はリードを取った位置から、捕手からの牽制を想定してヘッドスライディングでベースに戻る
3. 捕手からの送球が逸れたことを想定して二塁へ向かい、三塁コーチャーの指示を確認して三塁へ向かう
4. 走者は三塁コーチャーの指示でスライディングを行う

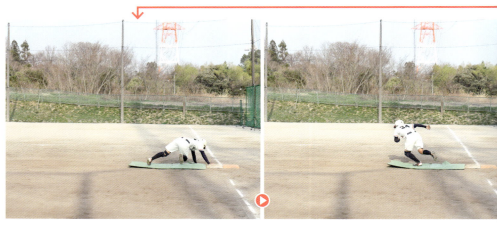

! ポイント ヘッドスライディングでの帰塁は野手から遠くに

一塁ベースのホーム寄りに帰塁すると、一塁手がタッチをしやすくなるので、ベースのライト側へ帰塁する

▲ベースのライト寄りにタッチする

▲ベースのホーム寄りにタッチする

➡72ページに続く

走塁練習

状況判断をしっかりと行い、次の塁をねらう②

二塁を回ってから三塁へのスライディング

▲三塁コーチャーを見てスライディング（もしくは本塁を目指す）

⚠ ポイント　ランナーコーチをしっかり目視する

二塁ベースの3〜4メートル手前とベースを回るときに、必ず三塁ランナーコーチを目視する習慣をつけておく。

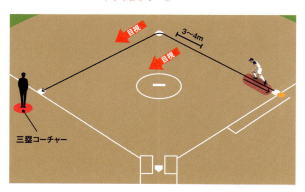

走塁練習

状況判断をしっかりと行い、次の塁をねらう③

Menu **006** 二塁走者の本塁への走塁

難易度 ★★☆☆☆
回数 2～5回

習得できる技能
▶ テクニック
▶ フィジカル
▶ 状況判断
▶ チームワーク

やり方

1. 二塁走者はインパクトゴーを想定し、シャッフルでバッターを確認してから三塁をオーバーランする
2. 三塁コーチャーはオーバーランした走者にストップをかけ、三塁に戻す
3. 相手の守備にミスが出たことを想定し、三塁コーチャーは走者にふたたび GO の指示を出す
4. 走者は本塁へ向かってまっすぐ走る

ストップ

ゴー！

走塁練習

状況判断をしっかりと行い、次の塁をねらう③

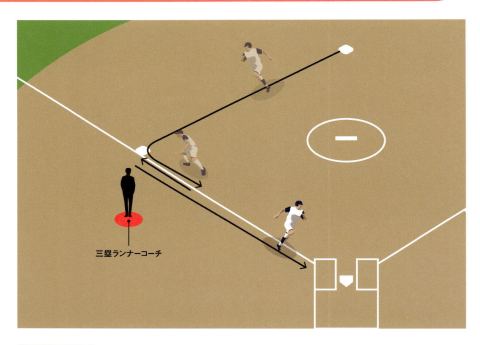

三塁ランナーコーチ

!ポイント　ホームベースの真ん中を踏む

ホームベースを踏む際に、ベースの手前や奥に合わせようとするときちんとベースに触れられない場合がある。また、審判からも見えづらくなるため、ホームベースは真ん中をしっかりと踏むように意識する。

▲ベースの真ん中を踏む

▲ベースの手前を踏む

▲ベースの奥を踏む

走塁練習

状況判断をしっかりと行い、次の塁をねらう④

Menu **007** Menu004から006を同時に行う

難易度 ★★★☆☆
回数 2〜5回

習得できる技能
▶ テクニック
▶ フィジカル
▶ 状況判断
▶ チームワーク

やり方
投手を補助者としてつけ、投手のモーションに合わせて打者、一塁走者、二塁走者が同時にアクションを起こす

？ なぜ必要？

実戦を想定した走塁を覚える

投手を補助者として入れることで、実際の試合をイメージして走塁練習ができる。

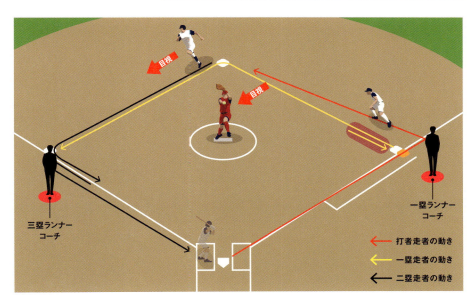

← 打者走者の動き
← 一塁走者の動き
← 二塁走者の動き

▲それぞれの走者が試合を想定しながらランナーコーチの指示を見て走る

走塁練習

状況判断をしっかりと行い、次の塁をねらう④

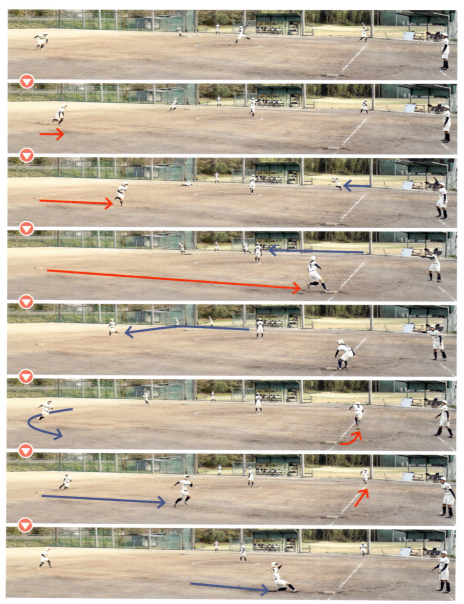

▲それぞれの走者が試合を想定しながらランナーコーチの指示を見て走る

走塁練習

ねらい 打者の打球を判断して走塁を行う

Menu 008 バッティング練習での走塁練習

難易度 ★★★★★
時間 2〜3分

習得できる技能
- ▶ テクニック
- ▶ フィジカル
- ▶ 状況判断
- ▶ チームワーク

やり方
1. 一塁ベースの後方にネットを置き、走者の安全を確保する
2. フリーバッティングの打球に合わせスタートを切る（複数の打者がいる場合はどの打者の打球に合わせるかを決めておく）
3. 打者の打球を判断し、走塁を行う

❓ なぜ必要？

打球の判断力を養う
実際の打球に合わせることで、打球に対する判断力と反応を養う

77

走塁練習

打者の打球を判断して走塁を行う

⚠ ポイント 打者の打球をしっかり判断する

打者の打球がゴロならスタート、フライならハーフウェイ、空振りや見逃しならバックと、実戦と同じ意識で打球を判断することが重要。

打球を判断し、スタートを切る

見逃し、空振りの場合はベースに戻る

第6章
出塁するための練習

出塁するための方法はクリーンヒットを打つことだけではない。
ボールをしっかり見極めること、
相手の意表を突くことも大事。
打撃練習を含めた出塁するための練習を行おう。

出塁するための練習

左打者のオープンスキルを高めるバッティング①

ねらい

Menu **009** ステップ→スイング（通常のバッティング）

難易度 ★☆☆☆☆
時間 2～3分

習得できる技能
▶ テクニック
▶ フィジカル
▶ 状況判断
▶ チームワーク

やり方
1. バッテリーをつけ、バッティング練習を行う
2. 打者はしっかりとステップしてスイングする

❓ なぜ必要？

多彩なバッティング技術を身につける

守備側に多くの選択肢を与えるため、野手との駆け引きをするバッティングを身につけておく必要がある。

> **! ポイント**
>
> ## 同じタイミングでステップする
>
> 次ページ以降の「セーフティバント」、「スラップ」、「スラップ→セーフティバント」、「パワースラップ（スラッシュ）」はすべて「ステップ」までは同じタイミング、型で行うことが重要。

出塁するための練習

左打者のオープンスキルを高めるバッティング②

ねらい

Menu 010 ステップ→セーフティバント

難易度 ★★★★★
時間 2〜3分

習得できる技能
▶ テクニック
▶ フィジカル
▶ 状況判断
▶ チームワーク

やり方
1. バッテリーをつけ、バッティング練習を行う
2. 打者はヒッティングのときと同じタイミングでステップを取り、そこからセーフティバントを行う

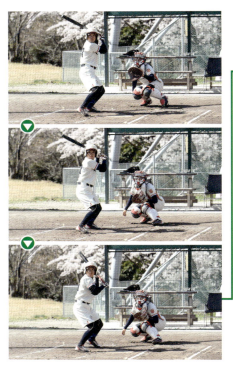

? なぜ必要？

攻撃のバリエーションを広げる

攻撃のバリエーションを増やすために、セーフティバント、スラップなどの練習をする。その際、ヒッティングのときと同じタイミングでステップをすると、相手に攻撃が読まれにくくなる。

ステップはヒッティングのときと変えない

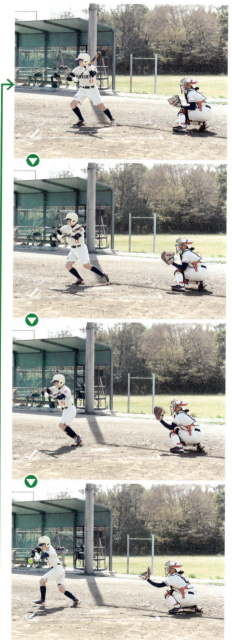

ステップ

83

出塁するための練習

左打者のオープンスキルを高めるバッティング③

Menu **011** ステップ→スラップ

難易度 ★★★★☆
時間 2〜3分

習得できる技能
▶ テクニック
▶ フィジカル
▶ 状況判断
▶ チームワーク

やり方

1. バッテリーをつけ、バッティング練習を行う
2. 打者はヒッティングのときと同じタイミングでステップを取り、そこからスラップを行い、ゴロを転がす

❓ なぜ必要？

攻撃のバリエーションを増やす

攻撃のバリエーションを増やすために、左打者はスラップを身につける練習をする。スラップだと読まれないように、ステップはヒッティングのときと変えない。

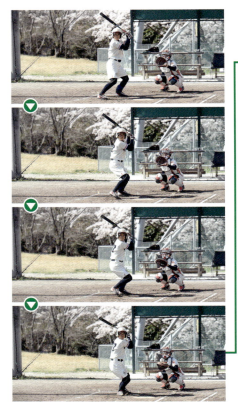

! ポイント 左足の着地とインパクトを合わせる

左足の着地とインパクトを合わせ、しっかりと転がすことを意識する。

出塁するための練習

左打者のオープンスキルを高めるバッティング④

Menu 012 ステップ→スラップ→セーフティバント

難易度 ★★★☆☆
時間 2〜3分

習得できる技能
▶ テクニック
▶ フィジカル
▶ 状況判断
▶ チームワーク

やり方

1. バッテリーをつけ、バッティング練習を行う
2. 打者はヒッティングのときと同じタイミングでステップを取り、そこからスラップの動作でセーフティバントを行う

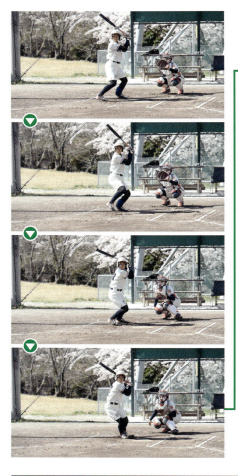
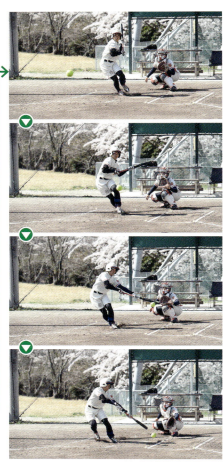

⚠ ポイント スラップの動作をしっかり入れる

スラップの動作が入ると相手はそれを警戒するため、よりセーフティバントが決まりやすくなる。

出塁するための練習

左打者のオープンスキルを高めるバッティング⑤

Menu **013** ステップ→パワースラップ（スラッシュ）

難易度 ★★★★★
時　間 2〜3分

習得できる技能
▶ テクニック
▶ フィジカル
▶ 状況判断
▶ チームワーク

やり方
1. バッテリーをつけ、バッティング練習を行う
2. 打者はヒッティングのときと同じタイミングでステップを取り、そこからスラップを行い、強い打球を打つ

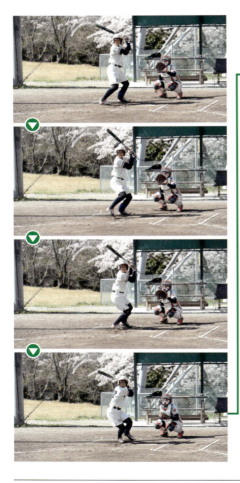
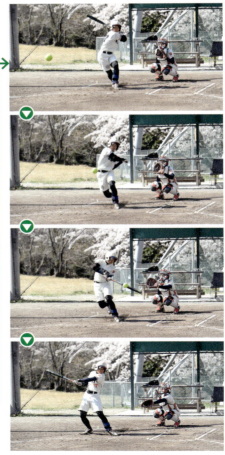

ポイント 強い打球を打つ

通常のスラップと異なり、遠くまでボールを飛ばすことを意識する。

出塁するための練習

ねらい球を絞った バッティング／球種／ストレート

Menu **014** フリーバッティング①

難易度	★★★☆☆
時間	5〜10分

習得できる技能
- ▶ テクニック
- ▶ フィジカル
- ▶ 状況判断
- ▶ チームワーク

やり方

1. バッテリーをつけ、バッティング練習を行う
2. 打者は自分でシチュエーションを考えながら打つ

❓ なぜ必要？

厳しい状況でもバットを振る

試合ではシチュエーションによって、多少ボール球でも手を出していかなければならない。打者にとって厳しい状況に追い込まれてもバットを振れるように、ねらい球やコースを絞った練習が必要となってくる。

出塁するための練習

ねらい球を絞った バッティング／球種／チェンジアップ

Menu 015 フリーバッティング②

難易度 ★★★★☆
時間 5～10分

習得できる技能
▶ テクニック
▶ フィジカル
▶ 状況判断
▶ チームワーク

やり方

1. バッテリーをつけ、バッティング練習を行う
2. 投手はストレートとチェンジアップをランダムに投げる
3. 打者はチェンジアップだけを打ちに行き、ストレートは見逃す

チェンジアップを打つ

ねらい球のエリア

ストレートは見逃す

91

出塁するための練習

ねらい球を絞ったバッティング／コース／インコース

Menu 016 フリーバッティング③

難易度	★★★☆☆
回数	5〜10本

習得できる技能
- ▶ テクニック
- ▶ フィジカル
- ▶ 状況判断
- ▶ チームワーク

やり方

1. バッテリーをつけ、バッティング練習を行う
2. 投手はインコースとアウトコースをランダムに投げる
3. 打者は真ん中からインコースのボールは積極的に打ちに行き、アウトコースのボールは見逃す

ポイント

積極的に打ちに行く

ストライクゾーンを広めに設定し、インコースのボールはストライクゾーンを多少外れていても打ちに行く。

インコースを打つ

ねらい球のエリア

出塁するための練習

ねらい球を絞ったバッティング／コース／アウトコース

難易度	★★★☆☆
回数	5〜10本

習得できる技能
- ▶ テクニック
- ▶ フィジカル
- ▶ 状況判断
- ▶ チームワーク

Menu 017 フリーバッティング④

やり方

1. バッテリーをつけ、バッティング練習を行う
2. 投手はインコースとアウトコースをランダムに投げる
3. 打者は真ん中からアウトコースのボールは積極的に打ちに行き、インコースのボールは見逃す

⚠ ポイント

積極的に打ちに行く

ストライクゾーンを広めに設定し、アウトコースのボールはストライクゾーンを多少外れていても打ちに行く。

アウトコースを打つ

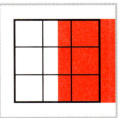

93

出塁するための練習

ねらい球を絞ったバッティング／高低／高め

Menu **018** フリーバッティング⑤

難易度 ★★★☆☆
回　数 5〜10本

習得できる技能
▶ テクニック
▶ フィジカル
▶ 状況判断
▶ チームワーク

やり方

1. バッテリーをつけ、バッティング練習を行う
2. 投手は高めと低めをランダムに投げる
3. 打者はベルトから上、胸元辺りのボールまで積極的に打ちに行き、低めのボールは見逃す

⚠ ポイント

前でボールをとらえる

ライズ系の投手で高めを効果的に使われているときに対処するための練習。高めのボールに対しては、ポイントを前に置いてボールをとらえる。胸元のボールは多少ボール球でも積極的に打ちに行く。

高めを打つ

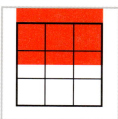

出塁するための練習

ねらい球を絞ったバッティング／高低／低め

Menu 019　フリーバッティング⑥

難易度 ★★★☆☆
回数 5～10本

習得できる技能
- テクニック
- フィジカル
- 状況判断
- チームワーク

やり方

1. バッテリーをつけ、バッティング練習を行う
2. 投手は高めと低めをランダムに投げる
3. 打者はベルトから下のボールは積極的に打ちに行き、高めのボールは見逃す

ポイント

ボールを呼び込む

ドロップ系の投手で低めを効果的に使われているときに対処するための練習。低めのボールに対しては、ボールをしっかり呼び込んでスイングする。ヒザ元は多少ボールでも打ちに行くことが重要。

低めを打つ

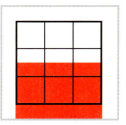

出塁するための練習

ボールを遠くに飛ばす
（ねらい）

Menu 020 ティーバッティング①

難易度	★★★☆☆
回数	10〜100本

習得できる技能
- ▶ テクニック
- ▶ フィジカル
- ▶ 状況判断
- ▶ チームワーク

やり方
1. ティーバッティングのネットを用意する
2. 打者は手首が返るポイントでボールを捉える

Point!
ヘッドを返した後にインパクト

ポイント
ヘッドスピードが最も高い位置でとらえる

腰が回転して、ヒジが伸びヘッドが返る位置が最もヘッドスピードが早くなる。その位置で、ボールを捉え引っ張り方向に大飛球を打つことで長打を打つことができる（森下ら，2013）。

なぜ必要？
ボールを遠くに飛ばすインパクトを覚える

ボールを遠くに飛ばすにはMenu020とMenu021、二種類のインパクトを使い分けることが重要となる。
インパクトが近いのであれば、ボール変化をとらえながらバットの性能を最大限に生かす効果をねらった打撃でボールを運び、腕が伸びヘッドを返したところでインパクトを迎えるのであればヘッドスピードを最大限に生かす強い打撃を可能とする。

出塁するための練習

ボールを遠くに飛ばす

ねらい

Menu 021 ティーバッティング②

難易度	★★★☆☆
回数	10~100本

習得できる技能
▶ テクニック
▶ フィジカル
▶ 状況判断
▶ チームワーク

やり方
1. ティーバッティングのネットを用意する
2. 打者はボールを引きつけ、インパクトの瞬間にバットを止める

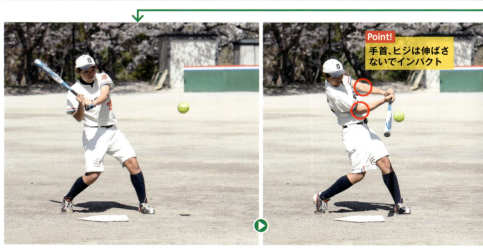

Point!
手首、ヒジは伸ばさないでインパクト

> **ポイント**
バットにボールを乗せる感覚を養う

バットの性能を最大限に生かす効果をねらうために、身体の近くまでボールを呼び込んで、つまり気味にボールにコンタクトする。またポイントが近い分、ボール変化を長くとらえることができる（呼び込む）効果もある。

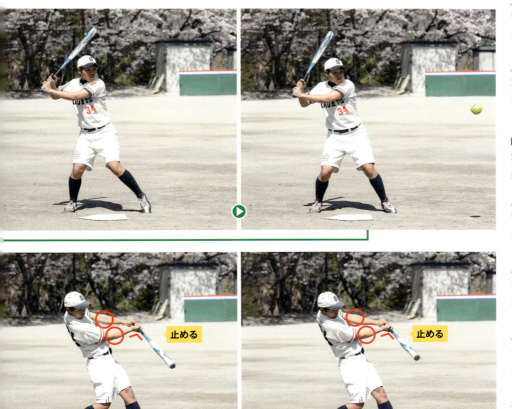

出塁するための練習

ボールを呼び込み、身体の近くの打撃ポイントをつかむ

ねらい

Menu **022** ティーバッティング③

難易度	★★☆☆☆
回数	10〜30本

習得できる技能
- ▶ テクニック
- ▶ フィジカル
- ▶ 状況判断
- ▶ チームワーク

やり方

1. ティーバッティングのネットを用意する
2. 打者は下半身を動かさず、上半身のみでボールをとらえる

Point!
下半身は固定

> **! ポイント** 後ろ足のかかとは地面につける

打撃ポイントを前足の内側にする。後ろ足のかかとは地面につけたまま、腰の回転を抑える。

> **? なぜ必要?**

身体が突っ込まないようにする

打者は「ボールを迎えにいく」と表現されるように、投手方向に体が移動しがちだ。身体が突っ込んでボールを迎えに行くと、緩急やボールの変化に弱くなってしまう。この練習で下半身を動かさずにスイングすることで、ボールを呼び込み、身体の近くの打撃ポイントをつかむようにする。

出塁するための練習

バット軌道のインサイドアウトとヘッドを立てる感覚を身につける
ねらい

Menu 023 ティーバッティング④

難易度 ★★★★★
回数 10～30本

習得できる技能
▶ テクニック
▶ フィジカル
▶ 状況判断
▶ チームワーク

やり方
1. ティーバッティングのネットを用意する
2. 打者は逆手でバットを握り、ティーバッティングを行う

⚠ ポイント
打球方向はセンターから逆方向を意識

前の手の甲を打球方向に向けることで、よりヘッドが立ちやすくなる。打球方向はセンターから逆方向を意識することで、インサイドアウトを強調できる。

❓ なぜ必要?
前肩の開きを抑える

打者は、前肩の開きが早くなり、ヘッドが下がることで思い通りの打撃ができなくなることがある。逆手にグリップを持つことで、前肩の開きを抑制する感覚を養える。また引っ張りすぎる打者にも有効。

出塁するための練習

後ろ足でスイングを開始する感覚を養い、身体の近くの打撃ポイントをつかむ

Menu 024　トスバッティング①

難易度	★★★☆☆
回数	10～30本

習得できる技能
- ▶ テクニック
- ▶ フィジカル
- ▶ 状況判断
- ▶ チームワーク

やり方
1. 投手と打者は5メートルほどの距離を取る
2. 打者は投手に正対して構え、投手の投げたボールを打ち返す

ポイント
グリップは動かさない

トップの位置をつくって、後ろ足が回転（かかとが上がれば）したらそのまま前方に振りだす。グリップは後方に引かない、動かさないように注意する。また頭もできる限りそのまま動かさない。

5メートル

❓ なぜ必要？

身体の開きを抑える

打者は、前足の回転が早くなると身体の開きが早くなってしまい、ポイントが前方になりすぎて（泳いでしまう）、思い通りの打球が打てなくなることがある。後ろ足が回転したら、スイングすることでこれらの動きが抑制される。また正対しているため、後ろ足の前方がポイントになり、強制的に前足を超えた位置でのポイントをつくることができる。

出塁するための練習

身体が突っ込まず、ボールを呼び込む

ねらい

Menu **025** トスバッティング②

難易度	★★★☆☆
回数	10～30本

習得できる技能
▶ テクニック
▶ フィジカル
▶ 状況判断
▶ チームワーク

やり方

1. 投手と打者は5メートルほどの距離を取る
2. 打者は投手の投げたボールを、投手側の足を上げながら打ち返す

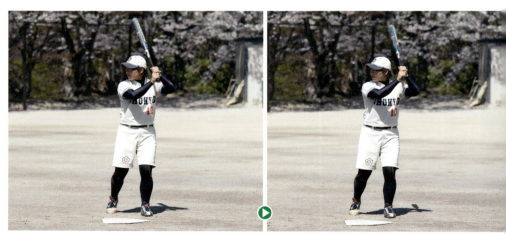

！ポイント
スイングと同時に前足を上げる

上半身と下半身の作用・反作用を利用しているため、スイングと同時に前足を上げ、バランスをとるようにする。特に足を早く上げすぎると、バランスが保てないので注意。

？なぜ必要？
「およがされる」「突っ込み」を防ぐ

打者が「およがされる」のは、前足の開きと前方への体重移動が大きいこと、それによる上体の「突っ込み」によります。前足を上げて打撃することで、前足の開きと前方への体重移動を強制的になくして、「およがされる」と「突っ込み」を防ぎ、身体に近いポイントをつくることができる。

107

出塁するための練習

投手側に引き出されない後ろの手でバットをコントロール

Menu 026　トスバッティング③

難易度 ★★★☆☆
回数 10〜30本

習得できる技能
▶ テクニック
▶ フィジカル
▶ 状況判断
▶ チームワーク

やり方
1. 投手と打者は5メートルほどの距離を取る
2. 打者は軸足側の手だけでバットを構える
3. 打者は投手の投げたボールを、投手側の足を上げながら片手で打ち返す

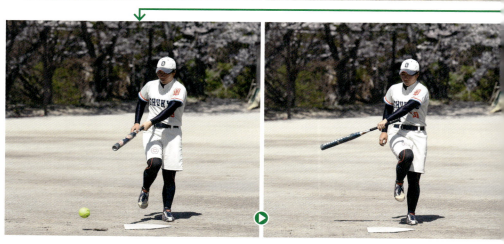

ポイント
真ん中から高めの投球にする

足を早く上げすぎると、バランスが保てないので注意。低すぎる投球は、対応が困難なので投球者は真ん中から高めに投球する。

なぜ必要?
ポイントとヘッドコントロールを養う

前足を上げて打撃することで、前足の開きと前方への体重移動を強制的になくして、「およがされる」と「突っ込み」を防ぎ、身体に近いポイントをつくることができる。また片手にすることで、よりヘッドコントロールが必要になり、ポイントとヘッドコントロールを養うことができる。

出塁するための練習

ボール球を振らない

Menu 027 トスバッティング④

難易度 ★★★☆☆
回数 10〜30本

習得できる技能
▶ テクニック
▶ フィジカル
▶ 状況判断
▶ チームワーク

やり方

1. 投手と打者は5メートルほどの距離を取る
2. 打者の後ろに捕手をつける
3. 打者はボール球であれば無理に当てに行かず、見逃す

ボール球は見逃す

▲ボールをしっかりミートすることが大事なのでボール球は打ちにいかずに見逃す

ボール球を無理に打つ

▲コントロールミスで、低めや高めにきたボール球を無理に打つとフォームが崩れるのでNG

111

出塁するための練習

ねらい 打球方向を意識する

Menu 028 ロングティー①

難易度 ★★★☆☆
回数 ネットイン5〜20本

習得できる技能
▶ テクニック
▶ フィジカル
▶ 状況判断
▶ チームワーク

やり方
1. グラウンドにティーネットを用意する
2. 打者はティーネットをねらってロングティーを行う

❓なぜ必要？

打球方向を意識して打つ

漠然と行いがちなロングティーだが、目標を置くことでしっかりと打球方向を意識したバッティング練習を行うことができる。

目標を設定する

標的を作って打つだけでもバットコントロールの練習にはなる。そこからよりレベルアップするために、「〇本ネットに入れるまで終わらない」といった目標を設定する。そうすることで、集中して練習に取り組むことができる。バットを使って、ボールをネットに入れるという行為（外部である道具への意識）は、心理学ではエクスターナルフォーカスと言われ、有効な練習方法の一つと考えられています（Gabriele, 2010）。

出塁するための練習

試合での「間」を意識する

ねらい

Menu **029** ロングティー②

難易度 ★★★☆☆
時間 3人組 5～20分

習得できる技能
▶ テクニック
▶ フィジカル
▶ 状況判断
▶ チームワーク

やり方

1. 打者はヘルメットをかぶる
2. 実際の試合を意識して、自分のペースで打席に入りボールを打つ
3. 前の打者が打ち終わったら、同じように次の打者も打席に入る

!ポイント 試合を意識する

前の打者が打ち終わって打席に入るときは、試合を意識して入るようにする。試合で打席に入るときのルーティンがあるなら、それもしっかりこなして試合に近いイメージでロングティーを行う。投げ手は、投げるタイミングを変えて行い、打者はそのタイミングに合わせる。

? なぜ必要？

自分のタイミングで準備できるようにする

打席内でしっかりと自分のタイミングで準備ができるよう、日頃の練習から自分の「間」を身につけておく。

出塁するための練習

大きな打球を打つ

Menu **030** ロングティー③

難易度	★★★☆☆
回数	10～100本

習得できる技能
- ▶ テクニック
- ▶ フィジカル
- ▶ 状況判断
- ▶ チームワーク

やり方

腰が回転して、ヒジが伸びヘッドが返る位置が最もヘッドスピードが早くなる。その位置で、多少アッパースイング気味にボールにコンタクトすることで引っ張り方向に大飛球をねらう（森下ら，2013）。

ポイント　フォロースルーまでしっかり

遠くに飛ばすことを意識して行うこのロングティーは強く振ることが大事。フォロースルーまでしっかり振りぬくようにして大きな打球を打とう。

ただし、大振りとは違うため、スイング時間を短くする意識が必要。トップからインパクトまで0.3秒（早い拍手ぐらい）が目安。

出塁するための練習

インコースの ボールを打つ
（ねらい）

Menu 031　軸足を引いたインコース打ち

難易度 ★★★☆☆
時　間 2～3分

習得できる技能
▶ テクニック
▶ フィジカル
▶ 状況判断
▶ チームワーク

やり方
1. バッテリーをつけ、バッティング練習を行う
2. インコースのボールに対して、軸足を背中側にステップしてから打つ

❓ なぜ必要？

身体を開かずにスイングする

インコースのボールに詰まらないために、身体を開くのではなく軸足を後ろにステップすることで対応する。

118

第7章
進塁するための練習

一塁より二塁、二塁より三塁と、
走者を一つでも先の塁に進めることができれば、
それだけ得点につながる可能性は高まる。いかにして進塁するのか？
進塁するための練習を取り入れていこう。

進塁するための練習
バントのバリエーションを身につける

Menu **032** バント練習

難易度	★★★☆☆
回数	5〜10本

習得できる技能
▶ テクニック
▶ フィジカル
▶ 状況判断
▶ チームワーク

やり方
バッテリーをつけ、実際にボールを投げてもらってバント練習を行う

正対した状態でのバント

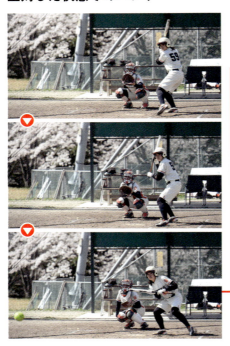
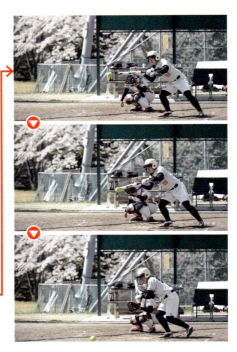

❓ なぜ必要？

バントのバリエーションを身につける

送りバントは常に同じタイミングで行うと、守備側に読まれてしまい、思い切ったシフトを引かれてしまう。そのため、バントについては少なくとも二つ以上のバリエーションを身につけておきたい。

❗ ポイント　ライズボールへの対応

ライズボールに対してバットを平行にしてバントをすると、ボールの下をたたいてフライになることが多い。そのため、ライズボールをバントする際にはグリップを下げ、バットを立てるようにバントをするといった工夫も必要となってくる。

★バリエーション～足をクロスさせるバント

★バリエーション～バスターからのバント

★バリエーション～バスターからステップしてバント

121

進塁するための練習

守備陣に読まれにくい
セーフティバント

ねらい

Menu **033** セーフティバント練習

難易度 ★★★☆☆
回数 5〜10本

習得できる技能
▶ テクニック
▶ フィジカル
▶ 状況判断
▶ チームワーク

やり方

バッテリーをつけ、実際にボールを投げてもらって、相手に悟られないようなバント練習を行う。

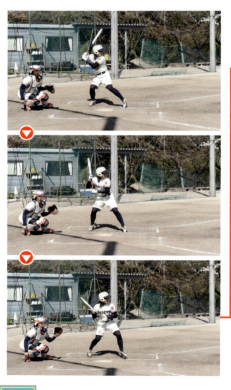

? なぜ必要？

構えからセーフティバントを悟られないようにする

セーフティバントを行う際、バットのグリップが前に出てしまうと、守備側にばれてしまう。グリップを身体の内側に入れることで、野手の判断を遅らせる。

✕ ここに注意！

守備からの視点

バットのグリップが先に出てくると、早めにセーフティバントだということが見破られてしまう。

守備の出足を一歩でも遅らせるためのセーフティバントを身につける。

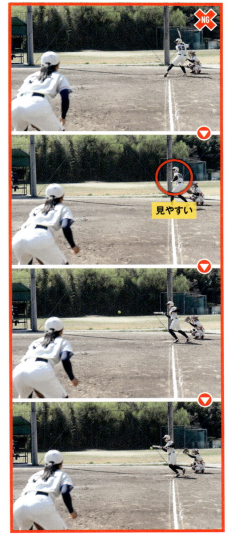

進塁するための練習
オートマチックスタートの判断を身につける①

Menu 034 走者一・二塁でのインパクトゴー

難易度 ★★★★☆
回数 2〜5回

習得できる技能
▶ テクニック
▶ フィジカル
▶ 状況判断
▶ チームワーク

やり方
1. バッテリー、打者をつける
2. 投手の投球に合わせ走者はリードを取る
3. 走者は打者がボールをミートしたらスタート、空振り、見逃しの場合は帰塁する

！ポイント
インパクトを確認する

走者は離塁しながら打者のインパクトをしっかりと目視する。インパクトを見て走者はスタートを切るため、打者は必ず打球を転がす。

一塁走者／スタート

どっちにも行ける

右足スタート

一塁走者／バック

右足戻り

？なぜ必要？
判断力、戦術への理解を深める

オートマチックサインが出ている際の、判断力や実行するための勇気を養う。オートマチックサインを実行するシチュエーションに合わせて、それぞれのサインに対する判断力や戦術への理解を深める。

ハーフスイング、遅いボールに注意

走者は打者のグリップが出ていくのを見てスタートを切る体勢に入るため、ハーフスイングのときに戻れなくなる可能性がある。こうしたミスを避けるため、打者はハーフスイングをしないことが大前提となる。また、チェンジアップなどの遅い投球の場合も、大きく離塁し過ぎてしまうと戻れなくなるので、走者は注意が必要になる。

二塁走者／スタート

二塁走者／バック

進塁するための練習

オートマチックスタートの判断を身につける②

Menu 035 走者一・二塁での チェンジゴー

難易度 ★★★★☆
回数 2～5回

習得できる技能
▶ テクニック
▶ フィジカル
▶ 状況判断
▶ チームワーク

やり方
1. バッテリー、打者をつける
2. 投手の投球に合わせ走者はリードを取る
3. 走者は投球がチェンジアップだったらスタートする

一塁走者／スタート

▼投球がチェンジアップとわかったらスタート

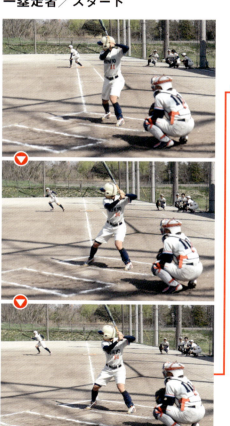

> **ポイント** 投球を判断し、早めにスタートを切る

チェンジアップはスピードが遅く、低めをねらって投げるボールのため、投球がチェンジアップだったら自動的にスタートを切る。実際に投手が投げてからの判断だけではなく、カウントや状況を考え、バッテリーがチェンジアップを使いそうなタイミングに備えて準備しておくことも重要となる。

二塁走者／スタート

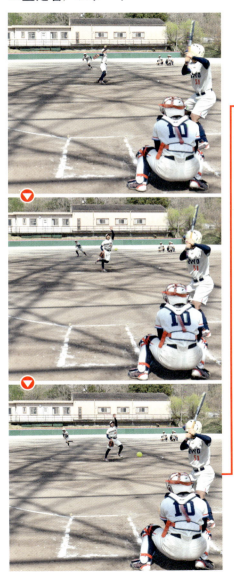

◀投球をしっかり見極めてチェンジアップだとわかったらスタート

進塁するための練習

オートマチックスタートの判断を身につける③

Menu 036 走者一・二塁での ワンバウンドゴー

難易度 ★★★★☆
回数 2〜5回

習得できる技能
▶ テクニック
▶ フィジカル
▶ 状況判断
▶ チームワーク

やり方
1. バッテリー、打者をつける
2. 投手の投球に合わせ走者はリードを取る
3. 走者は投球がワンバウンドになったらスタートする

一塁走者／スタート

▼投球を見て「ワンバウンドになる」と判断したら素早くスタート

投球の軌道をしっかりと判断する

低めの投球は捕手にとって送球がしにくいうえに、ワンバウンドの投球はキャッチングも難しくなるため、投球の軌道を見てワンバウンドになるようなボールだったら走者はスタートを切る。複数の走者がいる場合に、走者の判断がぶれないよう、練習からしっかりと意識を合わせる必要がある。

二塁走者／スタート

▼ボールの軌道を見極めてスタート。判断に迷いがなければ進塁のチャンスは増える

進塁するための練習

オートマチックスタートの判断を身につける④

Menu **037** 走者一・二塁で捕手にミスが出たらゴー

難易度 ★★★★★
回数 2～5回

習得できる技能
▶ テクニック
▶ フィジカル
▶ 状況判断
▶ チームワーク

やり方
1. バッテリー、打者をつける
2. 投手の投球に合わせ走者はリードを取る
3. 走者は捕手が捕球ミスをしたらスタートする

一塁走者／スタート

▼捕手にミスがあったらすぐに次の塁をねらえるように、ボールからは目を離さない

> ポイント

捕手のミスを見逃さない

走者はシャッフルした状態で、捕手の捕球を確認する。チェンジ・ゴーやワンバウンド・ゴーに比べスタートが遅くなるため、走者には瞬時の判断力が要求される。

二塁走者／スタート

▼捕手のミスのスキをついて三塁に進めれば大きなチャンスとなる。日頃から次の塁をねらう意識を高めておくことが大事

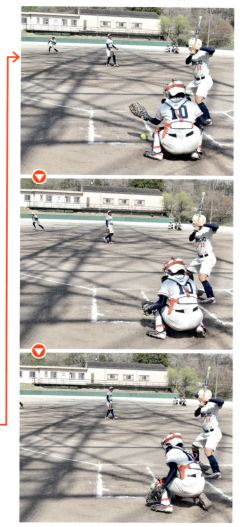

進塁するための練習

オートマチックスタートの判断を身につける⑤

Menu **038** 走者一塁でのインコースゴー

難易度 ★★★★☆
回　数 2〜5回

習得できる技能
▶ テクニック
▶ フィジカル
▶ 状況判断
▶ チームワーク

やり方
1. バッテリー、打者をつける
2. 捕手がインコースに構えたら、走者はスタート

▼捕手がインコースに構えたのがわかったら迷わずスタート切る

132

ポイント
捕手をしっかりと確認する

左打者が打席にいる場合、捕手は盗塁への対応が遅れるため、捕手がインコースに構えたら走者は盗塁を試みる。捕手が一度アウトコースに構えてからインコースに動く場合もあるので、走者は捕手の動きをしっかりと見ておく。

進塁するための練習

走者を進めるバッティングを身につける（ねらい）

Menu 039 状況を設定したバッティング練習

難易度 ★★★☆☆
時間 2〜3分

習得できる技能
▶ テクニック
▶ フィジカル
▶ 状況判断
▶ チームワーク

やり方

1. フリーバッティングを行う際、最後の○秒もしくは○回で打者がインパクト・ゴー、スクイズといった戦術を設定する
2. 投手の投球に対し、自ら設定したシチュエーションに合わせてバッティングを行う

？ なぜ必要？

試合での対応力を高める

ただのバッティング練習にはせず、状況を考えて打つことで、実際の試合で同じような場面がきたときの対応力を高める。

第8章
得点するための練習

チャンスを確実にものにして
得点を奪わなければ試合で勝つことはできない。
ヒットやホームランが出なくても得点できるような
練習を日頃からしておこう。

得点するための練習

スクイズを確実に行う技術を身につける

ねらい

Menu 040 スクイズ

難易度	★★★☆☆
回数	2〜5本

習得できる技能
▶ テクニック
▶ フィジカル
▶ 状況判断
▶ チームワーク

やり方
1. バッテリー、内野守備をつける
2. 投手の投球に対しスクイズを行う

❓ なぜ必要？

1点をもぎ取る

走者三塁でどうしても1点が欲しいときの戦術。打者はウエストされてもバットに当てることはもちろんだが、ウエストされにくいカウントを見極めることも必要となる。

136

得点するための練習

走者三塁のヒットエンドランを成功させる技術を身につける

Menu 041 走者三塁時のヒットエンドラン

難易度 ★★★☆☆
回数 2〜5本

習得できる技能
▶ テクニック
▶ フィジカル
▶ 状況判断
▶ チームワーク

やり方

1. バッテリー、内野守備をつける
2. 投手の投球に対しヒットエンドランを行う

! ポイント 確実にバットに当てる

打者は投手に対して両足を正対し、身体を開き気味にすることで、コースへの体重移動が容易になり、バットコントロールがしやすくなる。走者三塁での ヒットエンドランは空振りが絶対に許されないので、確実にボールをとらえる練習をしておく。

137

得点するための練習

ダブルスチールで得点をねらう

ねらい

Menu **042** 走者一・三塁時のダブルスチール

難易度	★★★★☆
回数	2〜5本

習得できる技能
- ▶ テクニック
- ▶ フィジカル
- ▶ 状況判断
- ▶ チームワーク

やり方
1. バッテリー、内野守備をつける
2. 一塁走者は盗塁を試みる
3. 塁走者はタイミングを見てスタートを切る（捕手の送球と同時にスタート）

⚠ ポイント
一塁走者を刺しに来た状況で
ツーアウトで捕手が一塁走者を一発で刺しに来るような状況のときは、捕手の送球と同時にスタートを切る。

❓ なぜ必要？
ダブルスチールのバリエーションを理解する
走者一・三塁でのダブルスチールは、捕手の肩や相手守備のスキルによって、三塁走者のスタートのタイミングが異なる。それぞれのタイミングを練習でしっかりと身につける。

得点するための練習

ダブルスチールで得点をねらう

一・三塁でのダブルスチールのバリエーション２
捕手の送球がカットされなかった（二塁手を超えた）らスタート

まだ戻れる

スタート

> **!** ポイント　遊撃手のスキルを確認しておく

ベースカバーに入った遊撃手の肩が弱いときや、P30で解説したとおり、遊撃手のベースカバーの位置が悪い場合はこのタイミングでスタートする。

得点するための練習

ダブルスチールで得点をねらう

一・三塁でのダブルスチールのバリエーション3
一塁走者が挟まれ、ランダウンプレーに誘い込んでのスタート

> ⚠️ **ポイント** 　送球のタイミングでスタート

一塁走者を挟んでいる野手が対角線にいる野手に送球したタイミングで三塁走者はホームに突入する。野手の手にボールがあるときにホームをねらうと、すぐにホームに送球されてしまうので、しっかりとタイミングを見極める。

得点するための練習

ベースに到達したことを表現するスライディングを身につける

ねらい

難易度 ★★★★☆
回数 2〜5本

習得できる技能
▶ テクニック
▶ フィジカル
▶ 状況判断
▶ チームワーク

Menu **043** ホームへのスライディング

やり方

三塁からホームへ走り、ホームベースに向けスライディングを行う

⚠ ポイント　ベースについたらすぐに立ちあがる

スピードを落とさないよう、上体を起こした体勢で滑り込む。ベースの手前に触塁し、ベースについた後はすぐに立ちあがるように心がける。

141

得点するための練習

ベースに到達したことを表現する
スライディングを身につける

スライディングの注意点

ここに注意！

足を入れる場所
塁ベースと違いホームベースは平面のため、足が奥まで入りがちになる。そうなると、足が入っていてもかぶせるようにタッチをされると、アウトに見えてしまうことがあるので、注意が必要となる。

◀ ベースの手前にタッチ

◀ 足を奥まで入れる

第 9 章
チャンス拡大のための練習

状況判断に優れた巧みな走塁をすることができれば、
一気にチャンスを拡大することができる。
この章ではチャンス拡大につながる
練習を紹介する。

チャンス拡大のための練習

スムーズなベースランニングを身につける

ねらい

Menu **044** カッティング①

難易度	★★★★☆
回数	2～5本

習得できる技能
▶ テクニック
▶ フィジカル
▶ 状況判断
▶ チームワーク

やり方

1. 一塁からスタートし、全力疾走で二塁を蹴って三塁へと向かう
2. 身体がしっかりと倒れているのを確認するために、二塁ベースの内側にコーンを置いてその上を頭が通過するように意識させるのも良い

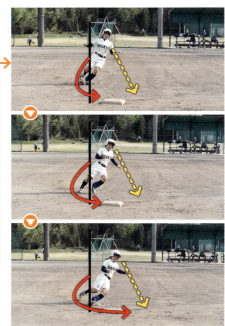

？ なぜ必要？

ベースをスムーズに回る

次の塁をねらうために、ベースを回るときはロスを最小限に抑えたい。そのための方法を練習でしっかりと身につけておく。ベースを回る際には身体が外側に流れないように、ダイヤモンドの内側に傾けながら走る。

⚠️ ポイント
ベースに入る直前は歩幅を小さく

大股でベースに入ると、ベースに足が合わなかったり、加速がつきすぎてベースを回った後に身体が外側に大きく振られてしまったりする。そのため、ベースに入る直前は細かく腕を振りながら歩幅を小さくし、スムーズなベースランニングを心がける。

ロスの少ない走塁のために

ベースを回る際に身体がしっかりと傾いていないと、加速によって身体が外側に振られるため、大きくロスしてしまう。

チャンス拡大のための練習

スムーズな走塁を身につける

ねらい

Menu **045** カッティング②

難易度 ★★★☆☆
回数 2～5本

習得できる技能
▶ テクニック
▶ フィジカル
▶ 状況判断
▶ チームワーク

やり方
1. 二塁ベースの3～4メートル手前にパイロンを置く
2. 一塁からスタートし、全力疾走で二塁を蹴って三塁へと向かう
3. パイロンの位置で三塁ランナーコーチを目視する

ポイント　上体を上げない

目視する際に上体が上がってしまうと、スピードが落ちてしまう。前傾姿勢を保ったまま、三塁ランナーコーチを確認（目だけ動かすイメージ）できるようにしておく。

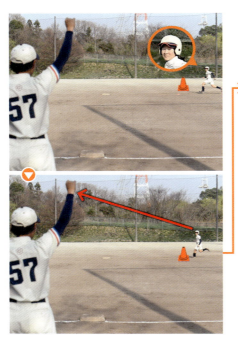

なぜ必要？

コーチャーを目視する習慣をつける

セカンドベースの手前でサードコーチャーの指示を確認する習慣をつけておく。

ここに注意！

ランナーコーチを早く見すぎない

走者があまり早くランナーコーチを見てしまうと、ランナーコーチの判断が間に合わない場合がある。走者がランナーコーチを目視するタイミングを統一しておくことで、ランナーコーチの指示を出すタイミングも一定になるため、ランナーコーチも状況判断がしやすくなる。

チャンス拡大のための練習

走者一塁時のランエンドヒット

Menu **046** シートバッティング①

難易度	★★★★☆
回数	5～10本

習得できる技能
- ▶ テクニック
- ▶ フィジカル
- ▶ 状況判断
- ▶ チームワーク

やり方
1. バッテリー、内外野の守備をつける
2. 投手の投球に対し、ランエンドヒットを行う

ポイント
スタートは盗塁のタイミングで
打者が空振りした場合でも、二塁でセーフになるように、走者は盗塁のときと同じタイミングでスタートを切る。

なぜ必要？
空振りした場面を想定しておく
ランエンドヒットのサインが出たら打者は確実にバットに当てたい。しかし、投手の投球によっては当然、空振りのリスクもある。走者はこうした事態もあるということを頭に入れながら走るようにする。

⚠️ ポイント インパクトを目視

走者はスタートしてから2～3歩目で打者のインパクトを目視し、打球を判断する。頭を上げて上体を高くしないように注意。

チャンス拡大のための練習

走者一塁時のヒットエンドラン

Menu 047 シートバッティング②

難易度 ★★★★☆
回数 5〜10本

習得できる技能
- ▶ テクニック
- ▶ フィジカル
- ▶ 状況判断
- ▶ チームワーク

やり方
1. バッテリー、内野守備をつける
2. 投手の投球に合わせ走者はスタートする
3. 打者は投手の投球を必ずバットに当てる

ポイント

インコースは三遊間へ

ヒットエンドランでは、基本的にはライト方向への打球が望ましいが、走者がスタートすることにより遊撃手が二塁ベースカバーに入るため、三遊間にゴロを打てば遊撃手の逆を突くことができる（写真）。

なぜ必要？

一・三塁をつくる

走者一・三塁というシチュエーションは、攻撃側にとって様々な戦術を使える場面でもある。そのため、一塁走者を三塁まで進められるようヒットエンドランを使えるようにしておく。

ポイント

足を正対し、身体を開くことで
コースに対応しやすくミートがしやすい

ランエンドヒットとは違い、打者はウエストされたボールでも必ず打たなければならない。体を開くことによってバットコントロールがしやすくなるため、体を開いてミートする練習をしておくことも重要となる。

チャンス拡大のための練習

走者一塁時のヒッティングエンドラン

ねらい

難易度	★★★★☆
時間	20分

習得できる技能
▶ テクニック
▶ フィジカル
▶ 状況判断
▶ チームワーク

Menu **048** シートバッティング③

やり方

1. バッテリー、内外野をつける
2. 投手の投球に合わせ走者はスタートする
3. 打者は長打をねらったバッティングを行う

？ なぜ必要？

長打で得点をねらう

一塁走者を長打で一気にホームへ迎え入れたいときに使用する戦術。打者は外野を抜くような打球を意識してバッティングを行い、走者はホームを陥れるつもりで走塁を行う。

！ ポイント　コーチャーをしっかり確認する

右中間方向に打球が飛んだ場合、走者は自分で打球の判断ができないため、二塁ベース手前とベース上でしっかり三塁コーチャーを目視する。

目視

チャンス拡大のための練習

走者二・三塁時のセーフティバント

Menu 049 シートバッティング④

難易度 ★★★☆☆
回数 5〜10本

習得できる技能
▶ テクニック
▶ フィジカル
▶ 状況判断
▶ チームワーク

やり方

1. バッテリー、内野守備をつける
2. 投手の投球に合わせ走者はスタートを切る
3. 打者はセーフティバントを行い、走者は三塁に戻る

ポイント

打者と走者との共同作業

三塁走者がスクイズのタイミングでスタートすることで、守備側にスクイズだと思いこませ、打球処理に時間をかけさせることがポイントとなるため、走者のスタートのタイミングと打者のバントの構えのタイミングが重要となる。

チャンス拡大のための練習

打球の判断力を身につける

Menu 050 走者二塁時の打球判断

難易度 ★★★★★
回数 ―

習得できる技能
- ▶ テクニック
- ▶ フィジカル
- ▶ 状況判断
- ▶ チームワーク

やり方
1. 外野にラインを引き、エリアを分ける
2. ノッカーは二塁走者の頭上を越えるライナーを打つ
3. 走者はボールが落ちるエリアを予測し、声に出して（1.2.3）からスタートする

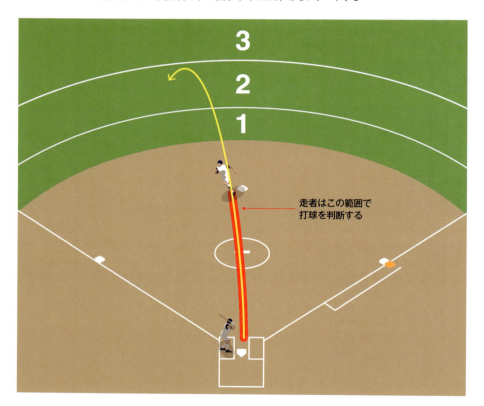

走者はこの範囲で打球を判断する

⚠ ポイント　打球の落下点を内野のエリア内で判断する

二塁走者にとって、自分の頭上を越える打球の判断は難しいが、打球の角度やスピードから落下点を予測できるようになると、判断良くスタートを切ることができるようになる。

第 10 章
年代に合わせたソフトボール指導

どんなスポーツでも子供の年齢、
時期によって指導の仕方は変わってくる。
いつどんな指導をすれば子供は伸びるのかを考えていきたい。
また、試合に向けての準備や年間スケジュールも確認しておこう。

年代に合わせたソフトボール指導

5〜8歳
プレ・ゴールデンエイジ期

　子供の発育発達時には様々な身体要素が同時副次的に発達していきます。

　最も早く発達する身体要素は神経系の要素と考えられており、5歳〜8歳頃はプレ・ゴールデンエイジ期と呼ばれ、動きのパターンを覚える運動能力が急速に発達する時期だと捉えられています。そのため、この年代では様々な運動、スポーツを体験させることが大切で、そのような多様性の運動学習が、メインとなるソフトボールの技術やパフォーマンス向上に大きく貢献すると考えられます。

　一方で、この時期の子供たちは、集中力が散漫になり一つの行動が長続きしない傾向が強いと言われています。そのような意味からも、指導者は一つの運動、スポーツに固執するような籠城主義的指導に走ってはならず、子供たちの自発を尊重しながら多角的で多様性のある運動・スポーツ指導を心がけなければいけません。

　ソフトボールの指導で捉えれば、冬期などの準備期には室内スポーツを実施したり、場所を変えスキーやスノーボードを冬期のクロストレーニングと位置づけて実施したりすることも有意義です。

　また、日々の練習メニューの視点から考えれば、ウオームアップの時間に遊びの要素が高い運動を取り入れる、ソフトボールそのもののルールや視点、道具を変えてゲームを実施するなどといった工夫が有効ではないでしょうか。

年代に合わせたソフトボール指導

9〜12歳
ゴールデンエイジ期

　9〜12歳頃はゴールデンエイジ期と呼ばれ、神経系の発達が完成期を迎え、第一次成長期から第二次成長期を迎える準備期を指します。

　一般的にこの時期の子供たちに、高強度のトレーニングをさせることは成長を阻害すると考えられており、特に高重量・高強度のトレーニングは避けるべきです。

　しかし、一概に「トレーニング全般を実施してはならない」ということではありません。

　自重を使ったファンクショナル（柔軟性、安定性の獲得＝機能的体力向上）トレーニングなど、体力の基礎となるトレーニングを若年層から行うことは将来のパフォーマンス向上に大きく貢献すると思います。

　サッカー、オランダー部リーグのフェイエノールトのジュニアクラブでは、この時期の子供たちの身体測定を定期的（3ヶ月に一度）に行い、第二次成長期の直前の成長停滞期を見極め、身長が著しく伸びるタイミングをみて練習量、強度を調整し成長を促しているそうです。
　このように、この年代の子供たちを指導する指導者には、将来を見越した、長期的視野の指導方針の立案と実施（この時期に無理をさせない勇気）が必要です。特に全国大会に出場するようなチームは、勝ち進むことによって成功体験を経験させることも大切ですが、それ以上に将来を見越した選手の育成が重要であることを認識していただきたいと思います。

年代に合わせたソフトボール指導

13～16歳
ポスト・ゴールデンエイジ期

　13～16歳頃はポスト・ゴールデンエイジ期と呼ばれ、第二次成長期が完成を迎える時期です。
　一般的には筋力トレーニングが実施されてもよい時期であると捉えられています。
　しかし、成長には個人差が大きく存在するため、より個人を観察することが指導者には求められます。この観察から、より細分化された、もっと言えば個人的なトレーニングを実施すべきで、目先の勝敗に捉われない育成システムが必要です。
　特にソフトボールなどのチームスポーツでは、集団を重視するあまり、個人差を排除する傾向が強まるため、この時期の選手を指導することはClumsy（扱いにくい年代の意）と捉え、将来を見越した我慢強い指導方針が必要です（小林ら, 2014を参考に作成）。

　17歳以上になると、ある程度の体力・神経系が成人として完了し"大人"をむかえます。
　この時期には、骨格筋を発達させる本格的なトレーニングが可能な時期でもありますが、まだ発育発達しきれていない選手もいますので、この年代でも個別の把握・対応が必要です。特にまだ身長が伸びている選手や、急激な成長期をむかえる選手が稀にいますので、変化に気をつける必要があります。

年代に合わせたソフトボール指導

13～16歳　クローズドスキルが固まり、オープンスキルを実践・学習できる時期

　一方で、個人としての技術（クローズドスキル）が固まりつつある時期ですので、その技術を生かした相手との駆け引きなど高度な技術（オープンスキル）を実践・学習できる時期でもあります。

　ソフトボールでいえば、守備のフォーメーションやバッテリーの配球、走者の打球判断など、より高いレベルでのパフォーマンスの発揮が可能な時期と言えます。より専門性の高い知識や考え方を学習させ、考えて動くことでゲーム性を理解し、体現させるよう促すべきでしょう。

　そういう意味では、多くの経験を積み重ねゲームを熟達させていく大変重要な時期だと言えます。他方で、社会的責任が強まってくる年代とも言えます。社会人としての心構えや県や地区、国の代表に入るような選手に対しては

特に公的資金を使って活動することへの自覚と責任を促す必要があります。

　スポーツ選手の待つ価値は、一般の社会人のそれに加えて、フェアプレー精神やスポーツマン・ウーマンシップといった"清く正しく清々しい"イメージを持っています。そのようなイメージはスポーツ選手の特権でもあり、最大の魅力と言っても過言ではないでしょう。

　しかし、スポーツ選手が社会的問題や事件を引き起こした場合、そのイメージは一気に崩れ、その選手ばかりかそのスポーツ種目全体が否定される危険性をはらんでいます。そういう意味で、スポーツ選手として、また極端かもしれませんが、"公人"としての自覚と責任をこの年代に促す必要性は高いのではないでしょうか。

年間計画

目標設定と年間予定・期分け計画
9月中旬～12月後半「準備期」

"子供は小さな大人ではない"と表現されるように、年代別に体力・神経系の発育発達は異なりますので、指導者としてどの年代を指導しているのかを認識し、その年代の知識を持って指導することが大切です。

その上で、次に行わなければならないことは目標設定になります。

目標設定には結果目標設定と行動目標設定がありますが、ここで取り上げる目標設定は、結果目標設定になります。チーム単位で考えれば、どの大会でどのくらいの成績を目指すのか、チームの一試合平均得点や一試合平均失点は何点に設定するのか、また個人単位では体格・体力測定でどのくらいの数値を目標にするのか、さらに打者であれば打率何割を目指すのか、投手は防御率何点台を目指すのかなどの結果目標の提示の方法が考えられます。

これらの結果目標が決まれば、次は練習計画の立案に移ります。マクロサイクルの年間予定・期分け計画立案について著者自身が所属する中京大学女子ソフトボールチームで行っている実際の計画を紹介しながら説明します。

まず年間計画についてです。168ページの表をご覧ください。

本学の女子ソフトボール部では新チームが発足するのは、9月からになり（全日本大学ソフトボール選手権が終わると最上級生が引退）、次の年の9月まで続きます。"月"が一番左端に記載されています。その右側が"期分け"（ピリオダイゼーション）になります。

まず9月中旬～12月後半を「準備期」としています。

ここでは、公式戦もありますが、優先順位からみると低い大会としています。そのため、「1st、2nd 鍛錬期」や「1st コントロールテスト」を入れながら、大会では多くの選手の出場機会を与え、体力的にも技術的にもまた実戦経験も積みながら強化をはかる準備期間としています。

〈期分けの用語説明〉

期分け	強度	説明
移行期	底	次の準備期に向けた回復をはかる期間になります。体力的に回復することはもちろん、精神的にもリフレッシュする期間となります。
準備期	高	強度の高いトレーニング期間「鍛錬期」やそれを実施した後の「回復週」、そして個人の体力テストを行う「コントロールテスト」を含んでいます。この期間に、個人の体力レベルや技術レベルを向上させて、試合前期、試合期に備える準備期間となります。
試合前期	中	練習試合やオープン大会、合宿などで多くの実戦を経験する期間です。また様々な選手を実戦の中で試すことができるため、選手選考の場としても用いることができる期間です。
試合期	中	優先度の高い大会が入っている期間です。ここでは、ある程度メンバーを絞り、役割を明確にして、コンディションを整えながら大会への調整を行います。

（James,2009を参考に作成）

年間計画

12月下旬〜1月上旬「移行期」
1月中旬〜2月下旬「準備期」

　次に12月下旬〜1月上旬が「移行期」となります。ここは約2週間程度の長期オフで、大学生の場合、帰省する期間となります。

　ここでは単に休ませるのではなく、2週間の予定表を各自で立案させています。その予定表では、
①3日に1回は練習すること
②14日間のうち10回は練習すること
③1回の練習時間は1時間半以上であること、
④遅くとも朝9時には起床すること
　の4点をルールとして立案させています。

　加えてこの予定表立案の説明では「可逆性の原理：継続しなければ体力は減退する」こと「過負荷の原理：運動強度を保たなければ効果は得られない」というトレーニングの原理について言及するようにしています。つまりは積極的休養をはかり、生活リズムを乱れさせすぎないように自らをコントロールするように促しています。

　続いて1月中旬〜2月下旬が「準備期」となります。

　この期間では、はじめに「2ndコントロールテスト」を実施しています。「移行期」の長期オフ明けでどの程度、体力低下があるのかを調べるテストにもなります。

　次に「3rd鍛錬期」を入れ、これから「試合前期」に向けた体力レベルを高めるトレーニングを実施します。また1月後半には秋学期の定期テストがありますので、その期間を利用して「回復週」を設けています。

年間計画

3月上旬～4月上旬が「試合前期」
4月中旬～5月下旬が「試合期」

　3月上旬～4月上旬が「試合前期」となります。

　ここでは練習試合、合宿、オープン大会に出場など、多くの実戦を積むことができる期間となります。

　しかし試合や実戦が多くなると運動強度が落ちる傾向があるため、1週間に2、3回はトレーニングを入れるようにすることが必要です。

　また新一年生が合流し、チーム内の競争力も向上する期間です。なるべく平等に出場機会を与え、その中で切磋琢磨させチーム力を向上させる期間として位置づけています。

　4月中旬～5月下旬が「試合期」となります。

　ここでは「第三優先」の大会、春季リーグ戦が開催されます。このリーグ戦は、約1ヶ月に渡り計10試合を戦うものです。

　この期間には、メンバーを絞り、またそのメンバーの中にも役割を明確にしながら練習や試合に参加しています。この期間は、大学の春学期も開講しており、少ない時間の中で効率よく練習することが必要となってきます。

　また1週間に2回はトレーニングを入れ体力レベルを維持するように努めています。

　さらに、週のはじめにミーティングを行い、試合から出た課題の抽出と改善方法、そして次回の対戦相手の対策などの周知と共通認識作りを行っています。

年間計画

6月上旬〜7月上旬が「試合前期」
8月上旬〜9月上旬が優先度の高い「試合期」

6月上旬〜7月上旬が「試合前期」となります。

ここでも公式戦はありますが、第一に8月の「第二優先」「第三優先」大会に向け、もう一度チーム内の競争力を上げる期間としています。そのため、4、5月で出場機会が少なかった選手や若手の選手にも出場機会を与えるようにしています。

また第二に毎年選手が入れ替わる学生スポーツだからこそ、最上級生が抜けた9月以降を見据えた次世代の強化期間とも考えています。

8月上旬〜9月上旬が優先度の高い2大会を含んだ「試合期」としています。

この期間では、大学は夏休みとなり、「第二優先」大会と「最優先」大会の間に夏季合宿を入れています。ここでは、メンバーは絞り込まれ、役割を明確にして、チームや個人での課題の克服と対戦相手の対策を中心に練習が行われます。

また選手のコンディショニングに細心の注意を払うことはもちろん、真夏の高温多湿の中での大会となるため暑熱馴化（しょねつじゅんか）を促し、体力レベルも維持しながら、チームの集大成に備えるようにしています。

コンディショニングという意味では、この期間の栄養、睡眠もとても大切な要素となります。グリコーゲンローディングや涼しい場所での合宿による睡眠の助長なども考えてマネジメントしています。

このように、"期分け"では一般的に提唱されているピリオダイゼーションの考えに加え、チームを構築する、また次のチームを見据えたチームマネジメントの考えも取り入れて期分けを行っています。そのため、公式戦であっても「準備期」として、多くの選手に出場機会を与えチーム内の競争力を向上させることや大会と大会の間に「鍛錬期」を入れ、「優先」大会に向けた体力レベル向上をはかるなどの予定を組んでいます。

逆にピリオダイゼーションのみの考えで行うと次のチームの強化が進まず、チームの強さが毎年維持されないことになってしまします。

選手勧誘の時点で、「この年は勝負

できる、この年は目をつぶる」と決めて強化する指導者の方もいますが、自分が「目をつぶる年」の選手であったらそれほど寂しいことはないと思います。

毎年選手が入れ替わる学生スポーツだからこそ、チームマネジメントの視点も持ち、次のチームの強化、次世代の選手に対する実戦経験も考えながら予定を組んでいただきたいと思います。

年間計画

年間予定・期分け計画

「年間予定・期分け計画」を立案するには、以下の手順で考案することが必要です。まずは次ページ〈年間予定・期分けの立案手順〉1〜3の順に進め、次に3はA〜Hの順に予定や期分けなどを設定します。

月	期分け	優先大会	大会や合宿	場所	学校行事	備考
9	準備期		東海地区秋期リーグ戦	愛知県高浜市	秋学期	新チーム発足
10						鍛錬期後回復週
11			愛知県大会	愛知県江南市		
			全国大学・実業団選抜大会	愛知県豊田市		
12					冬休み	鍛錬期後回復週
1	移行期2ndコントロールテスト				秋学期	
	準備期3rd鍛錬期				秋学期テスト	鍛錬期後回復週
2						新1年生合流
					春休み	
3	試合前期		熊野市長杯及び春季合宿	三重県熊野市		
	3rdコントロールテスト					
4	試合期				春学期	
		第三優先	東海地区春期リーグ戦	愛知県豊田市、東海市		
5			東海地区代表決定戦			
6	試合前期					試合期後回復週
			愛知県総合選手権	愛知県豊田市		
7			東海地区総合選手権		春学期テスト	
8	試合期	第二優先	西日本大学選手権	徳島県徳島市	夏休み	
			夏季合宿	岐阜県郡上市		第二優先大会後回復週
		最優先	全日本大学選手権	石川県金沢市		
9	移行期		全日本総合選手権	茨城県		最優先大会後回復週

170

〈年間予定・期分けの立案手順〉

1 指導年代・レベル・カテゴリーの把握

2 目標設定：チーム目標の設定

3 期分けの設定

A 大会、主な行事予定（学生では学校行事、授業）の設定（**2**に依存）

B 出場大会の優先順位の設定

C 「試合期」の設定

D 試合期から逆算し「試合前期」の設定

E 試合前期から逆算し「準備期」の設定

F 準備期から逆算し「移行期」の設定

G 必要に応じて「鍛錬期」「コントロールテスト」の設定

H **A**の行事予定と**C**〜**G**の期分けから回復週の設定

以上のような手順で「年間予定・期分け計画」を立案します。

特に1・2がなく3に入ってしまうと、年代によっては選手に無理をさせすぎケガを誘発するオーバーユース症候群や精神的に追い込みすぎてしまうバーンアウト症候群を招いてしまうことが考えられます。

また前述したように、学生年代を指導している指導者は、次のチームに向けた"期分け"の取り組みも必要です。

今回は詳しく説明しませんでしたが、"期分け"にはサイクルに分ける考え方もあり、マクロサイクル（6ヶ月〜1年）、メゾサイクル（1ヶ月〜3ヶ月）、ミクロサイクル（1週間〜4週間）と表されます。より長い期間のサイクルには、オリンピックサイクル（4年）などと呼ぶ場合もあるそうです。

学生スポーツにおいては、中・高校生では3年間のサイクルや大学生では4年間のサイクルで考えるなどして、"毎年勝負できる"チームを構築して行くべきではないでしょうか。

CONCLUSION
おわりに

　ソフトボールや野球などのベースボール型スポーツは"失敗のスポーツ"です。良い打者の目安である3割打者は、逆に言うと7割失敗した打者です。2013年8月21日、日米通算4000本安打を達成したイチロー選手は、達成後のインタビューでこう発言しています。

「こういうときに思うのは、別にいい結果を生んできたことを誇れる自分ではない。誇れることがあるとすると、4000のヒットを打つには、僕の数字で言うと、8000回以上は悔しい思いをしてきているんですよね。それと常に、自分なりに向き合ってきたことの事実はあるので、誇れるとしたらそこじゃないかと思いますね」（日経新聞電子版2013年8月22日）

　まさにベースボール型スポーツの特性を熟知し、世界最高峰の舞台の中で培われた大選手の言葉だと思います。「失敗からどう学ぶか」、「どう活かすか」、「失敗から学ぶことで成功がある」、「失敗がなければ成功がない」、このような考えが成長し続ける選手にとっては欠かせないのではないでしょうか。

　指導者という立場から、もう一歩踏み込んで考えなければならないのは、結果的には成功であってもその中に失敗が隠れていることがある、ということです。

　この競技は、対相手と戦うオープンスキルの高い競技ですから、守備のいない

ところに打球が飛べば、内容の悪い打撃でも結果は成功、つまり安打となってしまいます。コーチがサインを出し、それが実行されなくとも、相手のミスで点数が入ることもあります。そのような、"成功の中に隠れた失敗"をそのままにしておくと、いずれ"内容の伴った結果的な失敗"を招きます。そういう意味で、指導者は俯瞰した目を持ち合わせ、結果を導き出したプロセスを評価できなければならないと思います。

「指導者は『結果第一』ではなく、『プロセス第一』で考えなければならない。そして監督の力量は、この『プロセス重視』にこそあるのだ」

日本球界を代表する名監督、野村克也氏が述べた言葉です（弱者の流儀　野村克也の31の考え、ポプラ社）。この『プロセス重視』には、根拠や評価基準がなければなりません。「あいつじゃ打てない気がしたから代打」「投球がウエストされるように感じたからノーサイン」などといった目に見えない直感で判断、説明するのではなく、「この選手は、今インパクトが前になりすぎているから、チェンジアップが得意な投手では代打」「1アウトランナー二・三塁、1ボール1ストライクでライズが得意な投手なのでここはノーサイン」と言ったように、根拠を持って説明できる批判的思考が必要だと思います。

本書が、それぞれのカテゴリー・レベルで、それぞれの指導者のプロセスづくりの手助けになることを願い、結びの言葉といたします。

二瓶雄樹

著者&チーム紹介

著者
二瓶雄樹 にへい・ゆうき

1980年12月18日生まれ。福島県出身。日大東北高―中京大―中京大大学院。高校、大学では硬式野球部で投手としてプレー。卒業後、同大スポーツ科学部の教壇に立ち、2007年から男子部、翌年から女子部とソフトボール指導に携わり、13年のインカレ女子大会で初の優勝に導く。16年には女子大学日本代表チーム（第5回東アジアカップ女子ソフトボール大会）ヘッドコーチも務めた。JICAと提携し、2018年春に発展途上国（ボツワナ共和国／アフリカ）の技術向上、人材育成の支援にも取り組む。

撮影協力　中京大学女子ソフトボール部

〔参考文献〕
- Gabriele Wulf(著), 福永哲央(監訳), 水藤健, 泛尾拓(訳), (2010)「注意と運動学習―動きを変える意識の使い方―」, 市村出版.
- James C.Radcliffe(著), 外園隆(監訳)阿部慎子、林隆道(訳), (2009)「全てのアスリートのためのファンクショナルトレーニング」, ナップ.
- 小林寛道, 杉原隆, 鳥居俊, 野田晴彦, 石塚浩, (2014)「公認スポーツ指導者テキスト共通科目Ⅰ, 第7章ジュニア期のスポーツ」, pp127-148, (公)日本体育協会.
- 森下義隆, 平野裕一, 矢内利政, (2013), 野球のバッティングにおけるバットヘッド速度に対する体幹及び上肢のキネマティクス的貢献, バイオメカニクス研究, Vol.17, No.4, pp.170-180
- 永原隆, (2017), 陸上競技短距離走に関する知見の野球への応用, 日本野球科学研究会第5回大会報告集, pp24.
- 田尻賢誉, (2015), 「機動破壊」, pp124-130, 株式会社竹書房

デザイン	有限会社ライトハウス
	黄川田洋志、井上菜奈美、
	藤本麻衣、石黒悠紀
写　真	矢野寿明
編　集	新田あつし（綱島理友事務所）
	佐久間一彦（ライトハウス）

身になる練習法
ソフトボール　得点を奪うための攻撃強化練習

2018年5月31日　第1版第1刷発行

著　　者／二瓶雄樹

発　行　人／池田哲雄
発　行　所／株式会社ベースボール・マガジン社
　　　　　　〒103-8482
　　　　　　東京都中央区日本橋浜町2-61-9 TIE 浜町ビル
　　　　　　電話　　03-5643-3930（販売部）
　　　　　　　　　　03-5643-3885（出版部）
　　　　　　振替　　00180-6-46620
　　　　　　http://www.bbm-japan.com/

印刷・製本／広研印刷株式会社

©Yuki Nihei 2018
Printed in Japan
ISBN 978-4-583-11070-7 C2075

＊定価はカバーに表示してあります。
＊本書の文章、写真、図版の無断転載を禁じます。
＊本書を無断で複製する行為（コピー、スキャン、デジタルデータ化など）は、私的使用のための複製など著作権法上の限られた例外を除き、禁じられています。業務上使用する目的で上記行為を行うことは、使用範囲が内部に限られる場合であっても私的使用には該当せず、違法です。また、私的使用に該当する場合であっても、代行業者等の第三者に依頼して上記行為を行うことは違法となります。
＊落丁・乱丁が万一ございましたら、お取り替えいたします。